AF377718

Normativa de estiba en carretera

Claves, soluciones y modelos para estibar y trincar cargas

Eva María Hernández Ramos

Con la colaboración de:

www.logisnet.com

Colección: Biblioteca de logística
Director: David Soler

Normativa de estiba en carretera
1.ª edición, 2018
© 2018, Eva María Hernández Ramos
© 2018, de esta edición, incluido el diseño de la cubierta, ICG Marge, SL

Edita: Marge Books
València, 558 – 08026 Barcelona
Tel. 931 429 486 – marge@margebooks.com
www.margebooks.com

Edición: Núria Gibert
Compaginación: Mercedes Lara
Impresión: Prodigitalk, SL (Martorell, Barcelona)

ISBN: 978-84-17313-77-7
Depósito Legal: B 25366-2018

Exoneración de responsabilidad

El contenido de esta guía es fundamentalmente informativo y didáctico. No reemplaza ni sustituye al consejo personalizado, y en ningún caso se debe considerar sustitutivo o alternativo de las legislaciones y normativas sobre sujeción de las cargas vigentes en el ámbito nacional e internacional. Dichas normas son las que siempre deben aplicarse en cada caso a fin de adoptar las medidas adecuadas de seguridad en el transporte, con independencia de las directrices aportadas mediante la presente guía. La guía funciona como ejemplo y directriz básica, directriz que deberá adaptarse a cada caso concreto de carga.

Su autora, Eva María Hernández Ramos, exime cualquier responsabilidad que pueda originarse en cuanto a la integridad, la exactitud y la actualización de los textos, contenido y modelos aportados. Cada caso concreto debe ser examinado para adaptarlo a la mejor solución legal, aquí se contienen generalidades.

Limitación de responsabilidad

Salvo que lo disponga expresa e imperativamente la ley aplicable, en ningún caso la autora será responsable por cualesquiera daños resultantes, generales o especiales (incluido el daño emergente y el lucro cesante), fortuitos o causales, directos o indirectos, producidos en conexión con el uso de esta obra, incluso si la autora hubiera sido informada de la posibilidad de tales daños.

El papel empleado en este libro no ha sido blanqueado con cloro elemental (CI_2).

Agradecimientos

Dedico los conocimientos acumulados en esta obra a mi familia y a mis compañeros de iSEC:

- Andoni Gortázar Peñil, por su profesionalidad, fortaleza, bondad, confianza y amistad.
- Francisco Fernández Sasiaín, por ser el ejemplo a seguir, pionero en el campo de la estiba en contenedor y el germen de mis publicaciones. Le agradezco su inestimable ayuda, apoyo y ser mi pilar principal en el aprendizaje continuo.
- Carlos Hernández Barrueco, por ser mi referente de estiba técnica en camión y un excelente maestro de profesión y de vida.
- Marian Tomás Pérez, por su liderazgo, empatía, empuje y determinación. Sin ella, su organización y valor diferencial, no seríamos lo mismo.
- Alfredo Soler, un gran profesional del transporte en contenedor, fiel compañero cuya generosidad no tiene límite.
- María Jesús, por su incansable empeño de perfección, compañerismo y trabajo en equipo.

Índice

La autora 11

Introducción 13

Capítulo 1
La estiba y su regulación 15

  1 ¿Qué es la estiba? 15

  2 ¿Cuándo surgió la estiba? 16

  3 ¿Qué tipos de normas regulan la estiba? 19

  4 ¿Qué son normas técnicas en la estiba? 19

  5 ¿Qué son las guías y recomendaciones? 20

  6 ¿Qué son las normas públicas? 21

  7 ¿Qué son las normas privadas? 21

Capítulo 2
Normas públicas. Directiva 2014/47 UE – RD 363/2017 23

  8 ¿Cómo se ha regulado la estiba en España? 23

  9 ¿La norma EN 12195 era aplicable en España antes del
     RD 563/2017? 25

10 ¿Por qué se incluye la estiba en la Directiva 47/2014? 26

11 ¿Qué es y qué regula la Directiva 2014/47/UE? 27

12 ¿Qué regula el RD 563/2017 y qué relación tiene con la
    Directiva 2014/47/UE? 28

Capítulo 3
Normas técnicas 31

13 ¿Qué son las normas técnicas EN? 31

14 ¿Qué normas técnicas aplican a la estiba en el RD 563/2017? 32

15 ¿En qué consiste la norma EN 12195-1? 33

16 ¿En qué consiste la norma EN 12195-2? 33

17 ¿Debe indicarse en las cintas de amarre el valor STF? 35

18 ¿Es necesario el marcado CE en las etiquetas de los dispositivos
de sujeción? 35

19 ¿Qué es el código de trazabilidad del fabricante? 36

20 ¿Las etiquetas de las cintas deben ser siempre azules? 37

21 ¿Los útiles deben llevar certificado? 37

22 ¿Qué deben contener las instrucciones de uso de una cinta de amarre? . 37

23 ¿Las tensoras de las cintas de amarre deben tener algún marcado? . . . 38

24 ¿Cuántas vueltas debe dar la cinta sobre el husillo de la tensora? 39

25 ¿Las cintas de amarre tienen caducidad? 39

26 ¿Cuándo hay que sustituir una cinta de amarre? 39

27 ¿Las costuras pueden asegurarse o hacerse con hilos distintos
del material de la cinta? 40

28 ¿El material de la cinta afecta a la selección de la misma? 40

29 ¿Es obligatorio usar cantonera? 41

30 ¿Puede utilizarse antideslizante como cantonera? 41

31 ¿La goma antideslizante debe llevar certificado? 41

32 ¿Puedo usar una palanca para apretar más la cinta? 42

33 ¿En qué consiste la norma EN 12195-3? 42

34 ¿Qué es una cadena de amarre? 42

35 ¿Las cadenas deben llevar alguna documentación? 43

36 ¿Las cadenas deben llevar algún tipo de marcado? 43

37 ¿Qué es un punto de anclaje para cadena? 44

38 ¿Qué es un amarre combinado? 44

39 ¿Cuándo hay que rechazar o desechar una cadena? 45

40 ¿Puede sancionarse amarrar una misma carga con cadena y cable?
¿Sería amarre combinado? 46

41 ¿En qué consiste la norma EN 12195-4? 46

42 ¿Cuándo se debe cambiar un cable de acero? 47

43 ¿En qué ocasiones es idóneo el uso de un tipo de amarre u otro,
    combinando con la técnica de amarre?   47

44 ¿Qué es la norma EN 12640?   47

45 ¿Qué se considera un punto de amarre?   48

46 ¿Se puede amarrar dos cintas en un mismo punto de amarre?   49

47 ¿Son válidos los puntos de amarre de tipo trinquete?   49

48 ¿Es necesario certificar los puntos de amarre?   49

49 ¿Cómo calcular los puntos de amarre de un camión, si un fabricante
    los ha de proporcionar?   50

50 ¿Qué resistencia deben tener los puntos de amarre?   52

51 ¿Cómo elegir el punto de amarre?   53

52 ¿De qué trata la norma EN 12641?   53

53 ¿Qué regula la norma EN 12642?   54

54 ¿Cómo comprobar que un vehículo es XL?   56

55 ¿Debe renovarse una flota para adaptarla a la EN 12642?   57

56 ¿Es cierto que en un vehículo con certificado EN 12642-XL
    no es necesario sujetar la carga?   59

57 ¿Todos los vehículos EN 12642-XL permiten no sujetar la carga? . . .   60

58 ¿Qué normativa regula las bañeras?   61

59 ¿Qué es la norma EUMOS 40511?   61

60 ¿Qué normas sobre estructuras de contenedores incluye el RD 563/2017? .   62

61 ¿Qué es la norma EUMOS 40509?   63

62 ¿Es necesario tener certificado EUMOS 40511 de los postes?
    ¿Qué sucede si no se dispone de este certificado?   63

63 ¿Cuándo es obligatorio el uso de cantoneras?   64

64 ¿Qué normas técnicas regulan la estiba marítima?   64

65 ¿Es posible sancionar por mala estiba, según el RD 563/2017,
    en vehículos ligeros de menos de 3,5 t de MMA?   66

66 ¿Puede amarrar un conductor las cintas de amarre a la viga
    longitudinal a ambos lados debajo de la carrocería?   67

Capítulo 4

Las responsabilidades sobre la carga según la normativa   69

67 ¿Cómo se regulan las responsabilidades sobre la estiba?   69

68 ¿Quién es responsable de la estiba según la normativa general?   70

69 ¿Qué responsabilidades se derivan de las normas técnicas indicadas
en el RD 563/2017?   70

70 ¿Quién es responsable de aplicar la norma EN 12195-1?   70

71 ¿Quién es responsable de aplicar las normas EN 12195-2, 3 y 4?   71

72 ¿Quién es responsable de aplicar las normas relativas a la carrocería,
el contenedor o la caja móvil?   71

73 ¿Quién es responsable de aplicar la norma EUMOS 40509?   72

74 ¿Quién es responsable de la estiba de las mercancías, el expedidor
o el transportista?   74

75 ¿Quién es el responsable de la estiba de cargas en la regla
Incoterms EXW?   75

76 ¿Qué obligaciones tiene el expedidor en materia de estiba?   75

77 ¿Qué obligaciones tiene el cargador efectivo?   76

78 ¿Qué responsabilidad tiene el transportista?   77

79 ¿Qué son las reservas en la estiba de las cargas?   80

80 ¿Dónde se anotan las reservas en el modelo de carta de porte CMR de 1976?   83

81 ¿El porteador puede rechazar mercancía?   84

82 ¿Dónde se anotan las reservas en el modelo de carta de porte CMR de 2007?   85

83 ¿Qué es la Instrucción 18TV/103 de la DGT?   85

84 ¿Por qué utilizar fichas de estiba?   86

85 ¿Qué documentos y acciones son útiles a nivel legal y mercantil?   87

86 ¿A quién se dirige una denuncia en carretera?   88

87 Si un vehículo tiene uno de los puntos de amarre en mal estado.
¿A quién se dirige la sanción?   88

88 ¿Se debe aceptar una carta de porte como documento válido para
saber si existe pacto expreso?   89

89 ¿Qué ocurre en caso de que el conductor no facilite copia del pacto
de estiba, pero afirme que el trincaje lo ha hecho él?   89

90 ¿Qué pasos se dan ante un vehículo cuya carga es motivo
de sanción peligrosa?   89

91 ¿Por qué se ha tendido a asumir que es el transportista quien
debe amarrar la carga?   90

92 ¿Quién es el responsable de verificar que las cintas están en buen
estado o de sustituirlas?   91

Capítulo 5
Herramientas de ayuda 93
93 ¿Qué herramientas de cálculo de estiba existen para los transportistas? 93
94 ¿Quién emite las guías o recomendaciones de estiba? 94
95 ¿Por qué son válidos los principios de la Guía europea de mejores prácticas? 96
96 ¿Qué son las fichas de estiba HDZ? 97
97 ¿Cuál es la innovación que aportan las fichas de estiba? 104
98 ¿Qué problemas resuelven las fichas HDZ empleando reglas Incoterms? . 105
99 ¿Qué ventajas aporta el uso de las fichas de estiba? 109

Capítulo 6
Inspecciones 111
100 ¿Qué son las inspecciones técnicas en carretera y cómo se regulan? . . 111
101 ¿Cómo se clasifican las deficiencias en el RD 563/2017? 112

Capítulo 7
Régimen sancionador en materia de estiba 121
102 ¿Quiénes son los inspectores de estiba? 121
103 ¿Qué régimen sancionador se aplica? 121
104 ¿Cuándo se puede inmovilizar un vehículo? 122
105 Boletín de denuncia: ¿qué artículos son aplicables? 123
106 ¿Cómo se categorizan las deficiencias en la Ley de Seguridad Vial? . . 124

Capítulo 8
Prevención de riesgos laborales en carga, estiba y amarre 125
107 ¿En qué consiste la prevención de riesgos laborales en carga,
     estiba y amarre? 125
108 ¿En qué consiste el deber de información de la empresa titular? 125
109 ¿Qué obligaciones tiene el cargador en materia de prevención
     de riesgos laborales? 127
110 ¿Hay otras obligaciones de seguridad del cargador? 130

Anexos 133
Anexo I.   Modelo carta de porte de la IRU (1976) 134
Anexo II.   Modelo carta de porte de la IRU (2007) 135

Anexo III.   Comparación entre los campos obligatorios del documento
de control administrativo y la carta de porte CMR   136

Anexo IV.   Modelo de comunicado a proveedores   137

Anexo V.   Primer acuerdo de novación modificativa no extintiva
del contrato de transporte continuado entre [nombre
empresa cargadora] y [nombre empresa transportista].   138

Anexo VI.   Lista de chequeo. Cumplimiento RD 563/2017   143

Anexo VII.   Ejemplo de certificado EN 12642-XL   144

Abogada y primera mujer maestra de las cargas en camión y contenedor, y primera en el mundo en ser distinguida como Expert Member EUMOS, **Eva María Hernández Ramos** es licenciada en Derecho, especializada en negocios internacionales, derecho marítimo y de transporte. Máster en Supply Chain Management, PRL. Premio Innovación 2017 Mideamérica. Coautora de las fichas de estiba y su pionero desarrollo legal.

Ha trabajado como abogada *In-house* en el grupo Inex Inversiones, Mideamérica y Quality Resorts. Actualmente, es la directora y socia del área legal de iSEC (Instituto para la Seguridad en las Cargas).

Es coautora del *Manifiesto Ciberhumanista*, el *Manual del comercio electrónico*, y de *Cadena de suministro 4.0,* así como de numerosos manuales y publicaciones en estiba de cargas. Es colaboradora en prensa *(Aquí Medios de Comunicación* y la revista *El Vigía),* formadora y creadora de las fichas de estiba HDZ. Pionera en derecho de estiba y amarre, autora de la primera publicación sobre el tema en España.

Ha propuesto la modificación de la Ley de Tráfico española, para adaptarla a la Directiva 47/2014; adaptaciones a la *Guía europea de mejores prácticas,* la norma EN 12195-2 y el Código IRU. Ha impartido formación en materia de estiba al cuerpo policial Mossos d'Esquadra en Cataluña y mantiene una colaboración formativa sobre estiba con la Confederación Nacional de Autoescuelas (CNAE).

www.evahernandezramos.com
eva@seguridadenlascargas.com

Introducción

Este manual práctico es fruto de mi experiencia como formadora y una consecuencia del patrón que se repite en mis cursos y conferencias: en la fase de preguntas y debate, la interpretación de la normativa de estiba en camión (basada en la norma EN 12195-1, entre otras) crea algunas dudas. Las inspecciones técnicas en carretera de los vehículos comerciales que circulan en territorio español, reguladas por el Real Decreto (RD) 563/2017, han generado cierto debate por tratar diversas cuestiones de forma ambigua. De ahí nacen estas **110 preguntas y respuestas clave sobre la normativa de estiba en camión.**

Además, como coautora de las fichas de estiba, creía necesaria una primera publicación española sobre las mismas, sus usos, ventajas, pactos legales, ejemplos y desarrollo legal, que viene a suplir los problemas jurídicos reales en el transporte y la estiba. Las **fichas de estiba HDZ** son útiles y necesarias como plan de estiba de cargas y constituyen una herramienta imprescindible para la actividad del transporte de mercancías.

El propósito de ***Normativa de estiba en carretera*** es servir de apoyo a todos los agentes de la cadena logística: empresas cargadoras, empaquetadoras y operadoras de transporte, conductores y quienes participen en las funciones de planificación, supervisión y coordinación del transporte.

Esta guía tiene el objetivo de ayudar a implementar la normativa de estiba en España de una manera correcta y sin dudas legales. Todo un reto, al que invito al lector a participar tratando de resolver las preguntas propuestas en el índice antes de leer el libro. ¿Complicado? Con la lectura de este manual se pueden resolver todas… o su gran mayoría.

El libro está estructurado en ocho capítulos con un total de 110 preguntas. En el capítulo 1 se ofrece una breve introducción a la estiba y a su regulación, tanto actual como anterior a la normativa. El capítulo 2 aborda las normativas públicas, en particular la Directiva 2014/47 EU y su transposición estatal, el RD 563/2017. El capítulo 3 explica en qué consisten las diferentes normas técnicas del RD 563/2017. El capítulo 4 entra de lleno en las responsabilidades derivadas. El capítulo 5 desarrolla algunas herramientas de apoyo. El capítulo 6 explica las inspecciones que se realizan en carretera. El capítulo 7 aborda el régimen sancionador en materia de estiba y el 8 está dedicado a la prevención de riesgos laborales en carga, estiba y amarre. Los anexos de esta guía facilitan la implementación de la normativa, con ayuda de modelos y plantillas.

Capítulo 1
La estiba y su regulación

Estiba

Es el proceso de planificar, embalar, cargar y fijar la carga en un vehículo o unidad de transporte de carga (contenedor de transporte, caja del camión, etc.) para que pueda transportarse y manipularse con seguridad, y facilitar su posterior descarga.

Trincaje

Es una operación que forma parte de la estiba consistente en asegurar una carga a un vehículo o unidad de transporte de carga mediante trincas, tales como cintas de amarre, cintas de un uso, cables, cadenas, cuerdas, flejes o redes.

2 | ¿Cuándo surgió la estiba?

Las técnicas de estiba son recursos que tienen su origen en los albores de la civilización. Fue entonces cuando se crearon la primera técnica y unidad mínima de estiba: **el amarre.**

El amarre consistía en unir con cuerdas pequeños grupos de ramas, pieles o útiles cotidianos. Hoy en día ha derivado en el embalado y en la unidad de estiba.

En sus desplazamientos, las poblaciones nómadas desarrollaron la primera aplicación del amarre: el amarre superior. Consistía un utilizar una serie de maderas o palos largos, colocar mercancía encima y atarla con cuerdas, telas u otros materiales.

En la actualidad, el amarre superior utiliza la fuerza de tensión que se crea sobre la cinta, y esta a su vez sobre la mercancía hacia el suelo del camión.

Al aumentar la fricción entre ambos elementos se genera una mayor sujeción. Este sistema fue empleado por el ser humano en el transporte mediante pequeñas balsas de bambú. La fricción entre el material con que se construía una balsa y la fruta u otros elementos que depositaban encima impedía que la mercancía se moviese.

Con la utilización de animales para el transporte de mercancías, aunque se siguió empleando el amarre como técnica de sujeción de la carga, surgieron nuevas técnicas, como el uso de redes, el tiro recto y otras muchas. Había nacido otra gran familia de técnicas de estiba: **la sujeción.**

Las primeras balsas de bambú dieron paso a otras más elaboradas y huecas. Al tener un receptáculo interior cóncavo, las mercancías podían ser transportadas en su interior sin necesidad de amarrarlas. Y así nació una tercera técnica de estiba: **la contención.**

Con la invención de la rueda se dio paso a la utilización de carretas para el transporte de mercancías y personas. La carreta propició que se transportaran mercancías de forma colectiva, a una escala inimaginable tiempo atrás.

Pero estos grandes vehículos dejaban dentro de sí enormes espacios, por lo que surgió la última de las técnicas de estiba: **el bloqueo.** En su aplicación, las ánforas y vasijas eran transportadas envueltas en sal, grano o paja, para bloquearlas y evitar que se dañaran.

En la tabla siguiente se clasifican las técnicas de estiba originales.

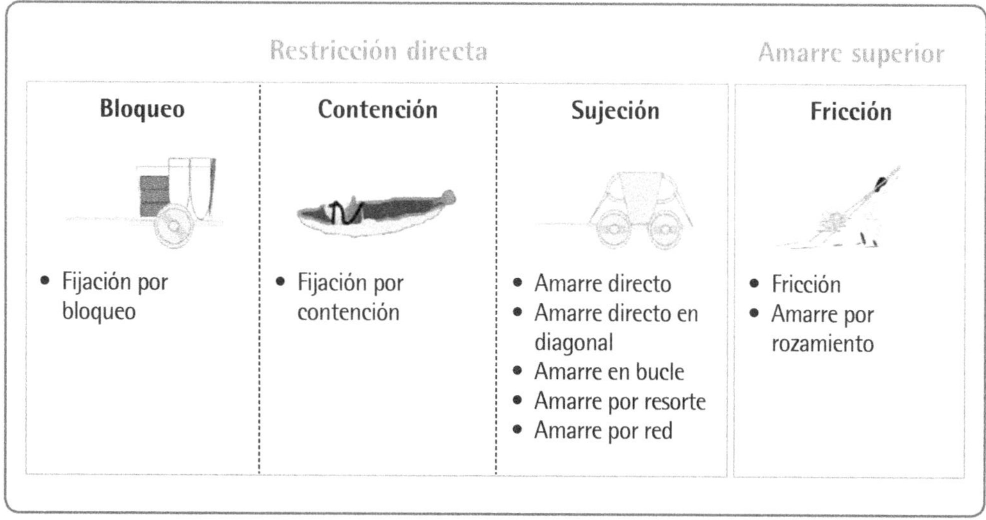

Podemos comparar la tabla anterior con el siguiente esquema, en el que estas mismas técnicas vienen clasificadas según la norma EN 12195-1 y la norma EN 12642 L/XL.

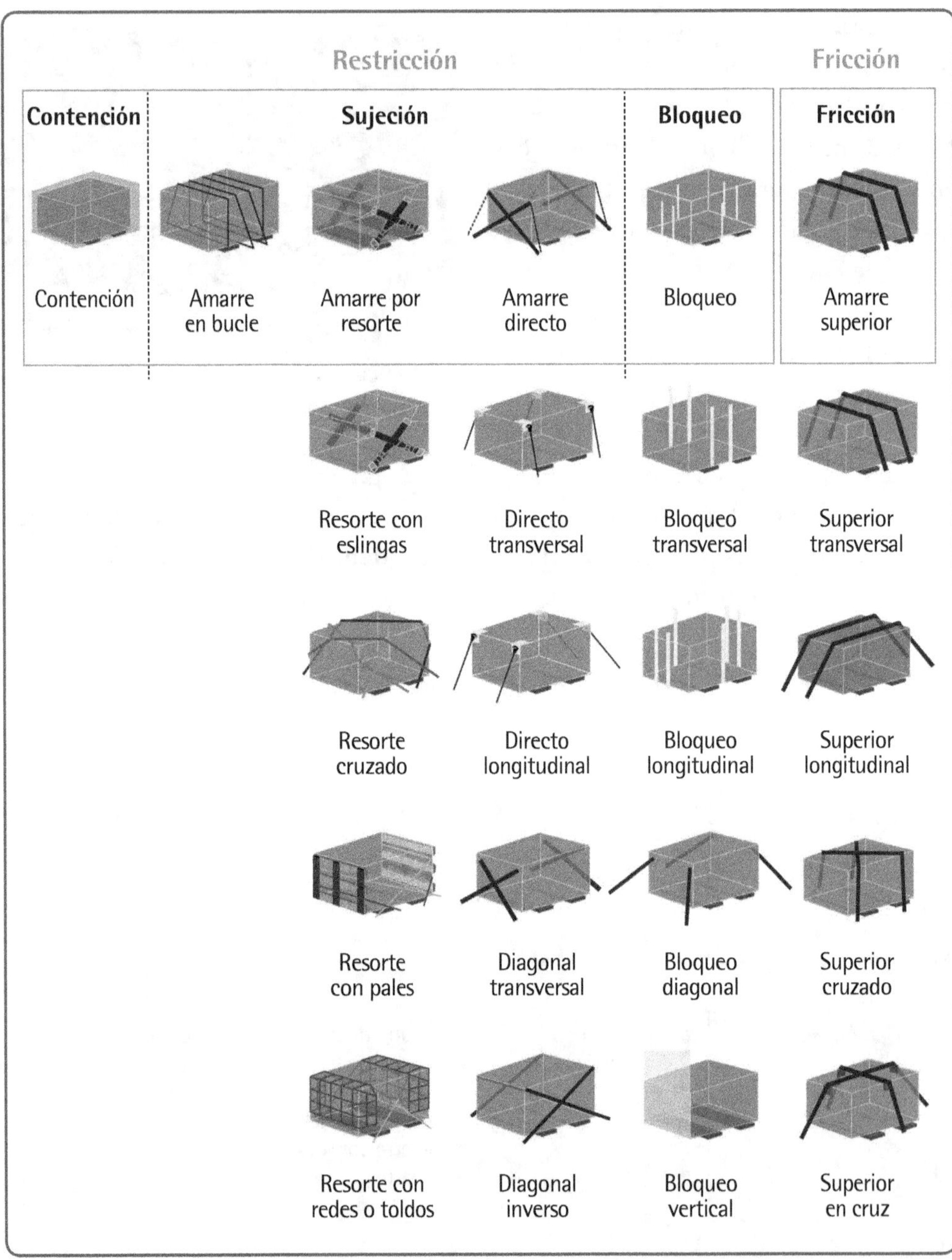

3 | ¿Qué tipos de normas regulan la estiba?

Existe una diversidad de normativa técnica, recomendaciones o guías, expresada mediante normas públicas y privadas que regulan la estiba de mercancías a escala estatal, europea e internacional. Se pueden agrupar en dos grandes bloques:

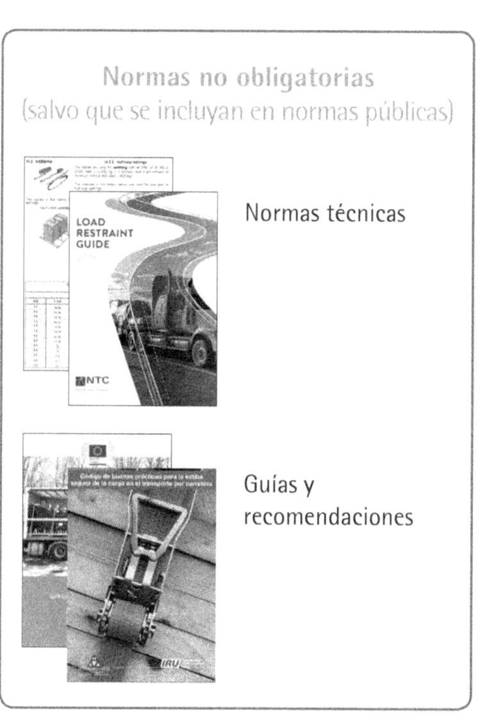

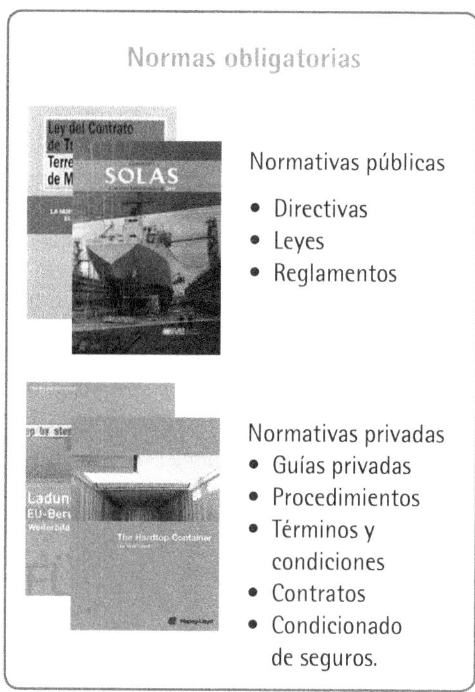

4 | ¿Qué son normas técnicas en la estiba?

Son aquellos desarrollos técnicos que proporcionan fórmulas, valores, conceptos y criterios para realizar cálculos necesarios en determinadas condiciones y mediante técnicas específicas.

En el caso de España, la norma técnica más relevante en estiba es la norma UNE-EN 12195-1:2011, que regula los cálculos sobre cintas de amarre, cadenas y cables de acero.

Ejemplos

- VDI 2700.
- Código CTU 2014 IMO ILO UNECE.
- EN 12195-1:2010.
- EN 12195-2, 12195-3 y 12195-4.
- North American Cargo Securement Standard. Australia Load Restraint Guide 2004.
- New Zealand Truck Loading Code 2011.

5 | ¿Qué son las guías y recomendaciones?

Son documentos didácticos y divulgativos que, de manera directa, sencilla y visual, comunican el contenido de una norma técnica a la que están dedicados para su fácil aprendizaje y aplicación. No son jurídicamente vinculantes, pero sirven de base para la aplicación práctica.

Ejemplos

- *Guía europea de mejores prácticas sobre sujeción de cargas para el transporte de carreteras,* publicada por la Unión Europea (UE), 2014.
- *Código de buenas prácticas para la estiba segura de la carga en el transporte por carretera,* publicada por la IRU (International Road Transport Union), 2014.
- *Guía europea de buenas prácticas para transportes especiales por carretera,* Comisión Europea, 2006.

IRU

OIT

EU

HAPAG

IMO

6 | ¿Qué son las normas públicas?

Se trata del conjunto de convenios internacionales, leyes, reglamentos, decretos, etc., de obligado cumplimiento. Su incumplimiento es sancionable administrativa, civil o penalmente. En algunos casos, las normas son muy restrictivas, como las VDI 2700, que establecen criterios específicos de sujeción por cada tipo de carga, y diversos requisitos que distan de los establecidos en el Real Decreto (RD) 563/2017.

Ejemplos

- Convenio CMR, regulador del contrato de transporte terrestre de mercancías. Su aplicación en España es la Ley 15/2009, del contrato de transporte terrestre de mercancías.
- Convenio ADR, acuerdo europeo sobre el transporte de mercancías peligrosas por carretera.
- Directiva 2014/47/UE relativa a las inspecciones técnicas en carretera de vehículos comerciales que circulan en la Unión Europea.
- RD 563/2017, por el que se regulan las inspecciones técnicas en carretera de vehículos comerciales que circulan en territorio español.
- Convenio SOLAS, sobre la seguridad de la vida humana en el mar.
- RD 1032/2007, regulador del certificado de aptitud profesional (CAP).

7 | ¿Qué son las normas privadas?

Se trata de acuerdos que se establecen entre varias partes a nivel privado. Forman parte del ámbito contractual o de la voluntad de las partes y se regulan por el derecho mercantil. Su incumplimiento puede generar indemnizaciones ante incumplimientos de contrato.

Ejemplos

Cláusulas de un contrato, términos y condiciones, condicionado de un seguro de mercancías, fichas de estiba o guías de estiba por medio de las cuales una empresa porteadora indica cómo hay que cargar un vehículo de transporte.

Capítulo 2
Normas públicas
Directiva 2014/47 UE - RD 363/2017

8 | ¿Cómo se ha regulado la estiba en España?

Históricamente, la regulación de la estiba en España ha presentado una escasa normativa legal. Uno de los primeros desarrollos existentes es lo dispuesto en el artículo 14 del Reglamento General de Circulación (RD 1428/2003), de 21 de noviembre, por el que se aprueba el Reglamento General de Circulación para la aplicación y el desarrollo del texto articulado de la Ley sobre tráfico, circulación de vehículos a motor y seguridad vial, aprobado por el RD 339/1990, de 2 de marzo, para infracciones graves:

1. La carga transportada en un vehículo, así como los accesorios que se utilicen para su acondicionamiento o protección, deben estar dispuestos y, si fuera necesario, sujetos de tal forma que no puedan:

   a) Arrastrar, caer total o parcialmente o desplazarse de manera peligrosa.
   b) Comprometer la estabilidad del vehículo.
   c) Producir ruido, polvo u otras molestias que puedan ser evitadas.
   d) Ocultar los dispositivos de alumbrado o de señalización luminosa, las placas o distintivos obligatorios y las advertencias manuales de sus conductores.

2. El transporte de materias que produzcan polvo o puedan caer se efectuará siempre cubriéndolas total y eficazmente.

3. El transporte de cargas molestas, nocivas, insalubres o peligrosas, así como las que entrañen especialidades en su acondicionamiento o estiba, se atendrá, además, a las normas específicas que regulan la materia.

De este artículo se concluye que se regula lo que no puede suceder a la carga, que debe ir bien sujeta. Sin embargo, no se dice cómo se debe estibar de un modo estandarizado. De manera que no es posible sancionar el estado del trincaje o la estiba, puesto que nada se dice al respecto. Veremos más adelante qué es lo que se sanciona.

Otras regulaciones

RD 1032/2007, por el que se regula la cualificación inicial y la formación continua de los conductores de determinados vehículos destinados al transporte por carretera

El RD 1032/2007, la norma que regula la cualificación de conductores profesionales (CAP), establece en su anexo I que los conductores deberán contar con 30 horas sobre el módulo que incluye técnicas de calce y estiba, un apartado al que solo corresponde 1 hora y 30 minutos. La conclusión es que **a la persona que conduce un camión nadie le enseña cómo estibar.**

Según la normativa sectorial de transporte, la empresa cargadora es jurídicamente responsable de la estiba. Por ello, esta debe indicar a la empresa porteadora cómo estibar la carga, solo cuando revista especial peligrosidad o características especiales. El porteador no es legalmente responsable de esta operación, salvo pacto expreso.

Ley 15/2009 y Convenio CMR

Dos normas aplicables a nivel estatal e internacional, la Ley 15/2009 y el Convenio CMR, respectivamente, que regulan las responsabilidades en caso de accidente, nada dicen sobre cómo realizar una estiba de las mercancías.

9 | ¿La norma EN 12195 era aplicable en España antes del RD 563/2017?

El RD 563/2017, en vigor desde el 20 de mayo de 2018, establece la obligatoriedad de la norma EN 12195-1:2010 sobre cálculo de las fuerzas de amarre en vehículos de carretera, que ya era de aplicación en España desde 2010.

El Acuerdo Europeo sobre Transporte Internacional de Mercancías peligrosas por carretera (ADR) 2017, en su apartado 7.5.7, dedicado a la «manipulación y estiba», señala lo siguiente:

Manipulación y estiba

7.5.7.1 Llegado el caso, el vehículo o contenedor deberá estar provisto de dispositivos propios para facilitar la estiba y la manipulación de las mercancías peligrosas. Los bultos que contengan mercancías peligrosas y objetos peligrosos sin embalaje deben estar estibados por medios capaces de retener las mercancías (tal como correas de sujeción, travesaños deslizantes, soportes regulables) en el vehículo o contenedor, de manera que se impida durante el transporte todo movimiento susceptible de modificar la orientación de los bultos o de dañarse estos.

Cuando las mercancías peligrosas son transportadas a un mismo tiempo que otras mercancías (por ejemplo, maquinaria pesada, cajones o jaulas), todas las mercancías deberán estar sólidamente o fuertemente sujetas en el interior de los vehículos o contenedores impidiendo que las mercancías peligrosas se derramen. Se puede igualmente evitar el movimiento de los bultos rellenando los huecos por medio de dispositivos de apuntalamiento o de blocaje y estiba. Cuando los elementos de estiba tales como flejes o cinchas sean utilizadas, no deberán apretarse hasta el punto de poder dañar o deformar los bultos.

Se considera que se satisfacen las disposiciones del presente párrafo cuando el cargamento está estibado conforme a la norma EN 12195-1:2010.

La primera incorporación de esta indicación fue realizada en el Acuerdo ADR de 2013.

10 | ¿Por qué se incluye la estiba en la Directiva 47/2014?

El origen de las regulaciones en materia de seguridad y transporte se ha forjado, como suele suceder lamentablemente, como resultado de la experiencia en grandes catástrofes.

La más importante de todas fue el hundimiento del *Titanic* en 1912, la cual trajo consigo una profunda revolución y alarma social que hizo negociar una regulación al respecto. Así, el Convenio SOLAS (acrónimo de Safety of Life at Sea, entró en vigor en 1914 y sigue siendo de aplicación en todo el mundo.

En el ámbito del comercio internacional, en 1936, la Cámara de Comercio Internacional publicó las reglas Incoterms. Estas reglas servirían para acordar las condiciones de entrega de las mercancías y, entre otros aspectos, quién es responsable de la estiba y el embalaje de las mercancías.

En 1956, bajo el auspicio de la Organización de Naciones Unidas (ONU), se firmó el Convenio CMR, con el ánimo de consensuar la primera normativa internacional reguladora del transporte internacional por carretera.

Continuaron las acciones para crear normativas comunes y favorecer la seguridad jurídica y, en 1957, diversos países europeos firmaron el Acuerdo Europeo sobre Transporte Internacional de Mercancías peligrosas por carretera (ADR), que actualmente se aplica también en muchos países de Asia y África.

En 1991, la Organización Marítima Internacional (OMI) aprobó un Código de prácticas de seguridad para la estiba y sujeción de la carga o Código ESC, la principal referencia de cálculo de estiba utilizada en transporte marítimo.

Desde entonces se ha sucedido la publicación de numerosas guías y normas en diferentes países y por parte de diversos organismos sobre distintos medios de transporte. No obstante, en el transporte por carretera han coexistido diversas normas técnicas, con fórmulas distintas y coeficientes de fricción diferentes, hecho que dificulta la elección de una norma correcta. En la Unión Europea, con el fin de prevenir males futuros, la sujeción de la carga en el transporte por carretera se ha regulado en la estiba de las cargas mediante el anexo III de la Directiva 47/2014, relativa a las inspecciones técnicas en carretera de vehículos comerciales que circulan en la Unión.

11 | ¿Qué es y qué regula la Directiva 2014/47/UE?

La Directiva 2014/47/UE del Parlamento Europeo y del Consejo, de 3 de abril de 2014, regula las inspecciones técnicas en carretera y su anexo III se elaboró con el propósito de armonizar las normas técnicas y recomendaciones en materia de estiba en Europa, y de dotar de directrices mínimas comunes a todos los Estados.

La sujeción de la carga es crucial para la seguridad vial, pues se estima que uno de cada cuatro accidentes tienen como causa directa o indirecta una mala sujeción de la carga, y que más del 75 % de los camiones no llevan la carga segura, lo que supone un peligro para la vida de las personas y la seguridad de los bienes.

En el Libro Blanco del Transporte (2011) de la UE, en el capítulo titulado «Hoja de ruta hacia un espacio único europeo de transporte: por una política de transportes competitiva y sostenible», se establece el objetivo «visión cero»; cero accidentes mortales en carreteras de la Unión en 2050. Para lograrlo, la tecnología de los vehículos debe proporcionar un mayor nivel de seguridad vial, adaptándose a la industria 4.0.

Directiva 2014/47/UE disponible en este enlace QR. En el anexo III de esta directiva europea se encuentran las inspecciones de estiba y la normativa aplicable.

12 | ¿Qué regula el RD 563/2017 y qué relación tiene con la Directiva 2014/47/UE?

El RD 563/2017 es la trasposición en España de lo dispuesto en la Directiva 2014/47/UE, por lo que su contenido esencial es idéntico, salvo disposiciones estatales como el régimen sancionador, los organismos y el punto de contacto designado, por ejemplo.

El RD 563/2017 incorpora en su anexo III las disposiciones sobre sujeción de la carga, estableciendo que:

a) La carga deberá ir sujeta de forma que resista las aceleraciones y deceleraciones que se producen durante el transporte. Para ello, se deben tomar los siguientes coeficientes de aceleración a la hora de realizar los cálculos de las fuerzas de sujeción:

- En el sentido de la marcha: el peso de la carga multiplicado por 0,8.
- En sentido lateral: el peso de la carga multiplicado por 0,5 (0,6 si existe riesgo de vuelco de la misma).
- En sentido contrario al de marcha: el peso de la carga multiplicado por 0,5.
- En general, se debe impedir la inclinación longitudinal o transversal de la carga.

b) Para el reparto de la carga, se han de tener en cuenta las cargas máximas por eje autorizadas, así como las cargas mínimas necesarias, siempre dentro de los

límites de la masa máxima autorizada (MMA) y en relación con las normativas sobre pesos y dimensiones del vehículo (en cada país).

c) Se deben de tener en cuenta las resistencias y la adecuación de los puntos de amarre a la hora de sujetar la carga.

d) La norma EN 12195-1 establece una serie de técnicas de estiba para realizar los trincajes o bloqueos:

- Enganche.
- Inmovilización (general/local).
- Amarre directo.
- Amarre superior.

e) La mención de aplicación voluntaria la establece la Directiva, no siendo así en el RD que establece una ambigüedad al respecto.

Adicionalmente, el RD 563/2017 establece un conjunto de inspecciones que son la parte más relevante de la normativa.

 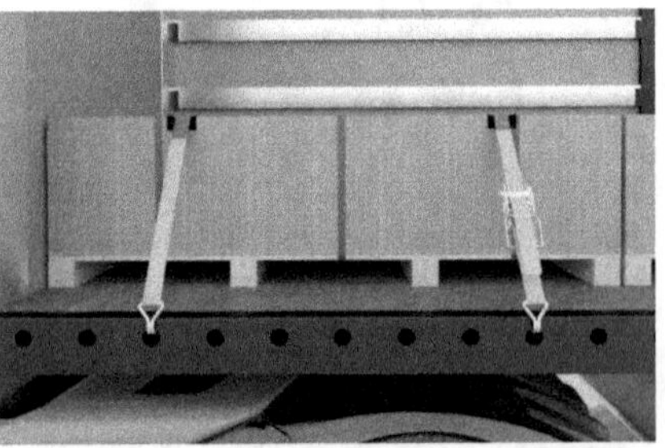

Hay que decir que cada país debe establecer un objetivo de inspecciones anual para velar por el cumplimiento de la Directiva, que deberán suponer un determinado porcentaje sobre los vehículos matriculados (alrededor de 15.000 inspecciones anuales en España).

Capítulo 3
Normas técnicas

Se trata de normas técnicas emitidas por el Comité Europeo de Normalización (CEN), una organización no lucrativa privada cuya misión es fomentar la economía europea, el bienestar de la ciudadanía europea y la conservación del medio ambiente. Proporciona una infraestructura eficiente a las partes interesadas para el desarrollo, el mantenimiento y la distribución de sistemas estándares coherentes y especificaciones. Además de países europeos, hay otros países asociados que las utilizan como referencia.

El CEN crea las normas EN que los diferentes países miembros de la UE incorporan a través de sus entidades de normalización. En materia de seguridad de las cargas, el CEN ha impulsado numerosas normas técnicas, como los requisitos de los útiles, las técnicas de estiba y las características de los vehículos, entre otras.

Cuando una norma del CEN se incorpora a un país, adquiere una nueva denominación. Las normas UNE (Una Norma Española) son las normas técnicas españolas. Tienen carácter de voluntarias y se establecen por consenso, implicando a las

norma española   **UNE-EN 12195-1**

empresas usuarias y a las productoras de bienes y servicios. Al igual que sucede con las reglas Incoterms, se trata de normas (no obligatorias) que constituyen usos y costumbres.

Las normas UNE son elaboradas por Aenor, una entidad privada que contribuye, mediante el desarrollo de las actividades de normalización y certificación (N+C), a mejorar la calidad en las empresas, sus productos y servicios.

14 | ¿Qué normas técnicas aplican a la estiba en el RD 563/2017?

Existen numerosas normas sobre aspectos relacionados con la seguridad en las cargas.

El anexo III del RD 563/2017 incorpora las siguientes normas técnicas, cuyo cumplimiento facilita las labores de estiba:

	EN 12195-1	Cálculo de las fuerzas de amarre
	EN 12195-2	Cintas de amarre de fibras sintéticas
	EN 12195-3	Cadenas de amarre
	EN 12195-4	Cables de amarre
	EN12640	Puntos de amarre
	EN12641	Lonas
	EN 12642	Resistencia de la carrocería de los vehículos
	EN283	Cajas móviles
	ISO 1161, ISO 1496	Contenedores ISO
	EUMOS 40511	Postes - teleros
	EUMOS 40509	Empaquetado para el transporte

15 | ¿En qué consiste la norma EN 12195-1?

EN 12195-1:2010. UNE 12195-1:2011
Dispositivos para la sujeción de la carga en vehículos de carretera.
Seguridad. Parte 1: Cálculo de las fuerzas de fijación

Se trata de una norma técnica que desarrolla fórmulas, valores, conceptos y criterios que permiten calcular el número de dispositivos de sujeción necesarios para inmovilizar una carga, y para que resista las aceleraciones que se producen por las fuerzas G durante el transporte. La primera versión de esta norma fue publicada en 2003. La norma EN 12195-1:2010, utilizada a escala europea e internacional, contiene fórmulas complejas que pueden dificultar su aplicación en la operativa cotidiana. Es por ello que para aplicarla se utilizan:

- Aplicaciones para dispositivos móviles o *app.*
- Tablas de cálculo rápido.
- Fichas de estiba.

 Más información sobre las normas UNE (Aenor) en este enlace QR.

16 | ¿En qué consiste la norma EN 12195-2?

EN 12195-2:2001
Dispositivos para la sujeción de la carga en vehículos de carretera.
Seguridad. Parte 2: Cintas de amarre fabricadas a partir de fibras químicas

Se trata de una norma cuyo principal objetivo es asegurar, a través de la estandarización, la calidad y seguridad en las cintas de amarre. Esta norma define el contenido mínimo de la etiqueta, la resistencia de las cintas, las partes de la misma y los materiales, entre otros aspectos.

Para cumplir esta norma en la operativa diaria bastaría con adquirir cintas de amarre cuya etiqueta contuviese la indicación EN 12195-2, lo que significaría que la cinta está homologada.

¿Sabías qué *debe contener la etiqueta de las cintas de amarre?*

Cada conjunto completo de cintas de amarre, si está previsto que sus partes sean separables, debe marcarse con la siguiente información, *si es aplicable,* sobre una etiqueta:

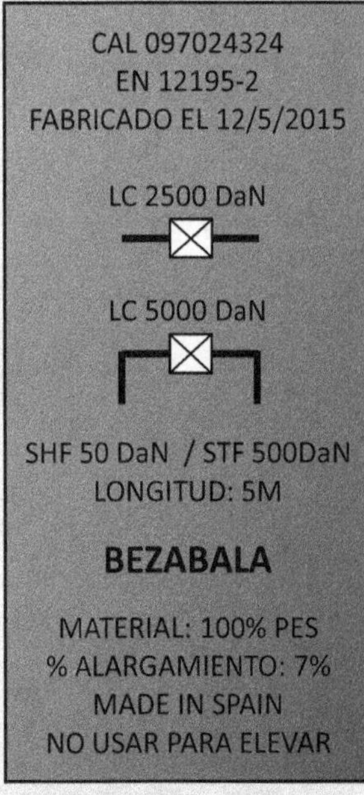

- Capacidad de amarre (LC): Es la fuerza máxima que la cinta de amarre está diseñada para resistir en tracción recta.
- SHF o fuerza manual normalizada: Fuerza de operación manual de 500 N (50 DaN sobre la etiqueta). No se deben utilizar palancas para tensar las cintas.
- STF o fuerza de tensión normalizada. Después del aflojamiento de la manivela del trinquete o fuerza del cabrestante basado en el nivel al cual el dispositivo tensor ha sido sometido en el ensayo tipo, cuando la cinta se ha diseñado para amarre friccional.
- Aviso: «No usar para elevar cargas».
- Nombre o símbolo de la empresa fabricante o suministradora.
- Material de la cinta textil.
- Código de trazabilidad del fabricante.
- Número y parte de la norma europea, es decir, EN 12195-2, cintas de amarre fabricadas a partir de fibras químicas.
- Año de fabricación.
- Alargamiento de la cinta textil en porcentaje de LC.

Más información sobre cómo obtener la norma EN 12195-2 en este enlace QR.

17 | ¿Debe indicarse en las cintas de amarre el valor STF?

Aunque hemos indicado los campos que según la norma debe contener la etiqueta, también se afirma que son obligatorios solo cuando *sea aplicable.*

Esto parece complicado de entender pero tiene su explicación. .. que se encuentra en el propio valor STF. Entonces, ¿es obligatorio ponerlo? Sí, pero solo cuando la cinta se haya elaborado para el amarre superior. En el resto de técnicas no, siendo la redacción de la norma un poco contradictoria.

Por tanto, la interpretación es que no es obligatorio indicar el valor STF, puesto que la cinta puede trabajar con el valor LC para los amarres directos, muelle o «resorte», bucle y bloqueo.

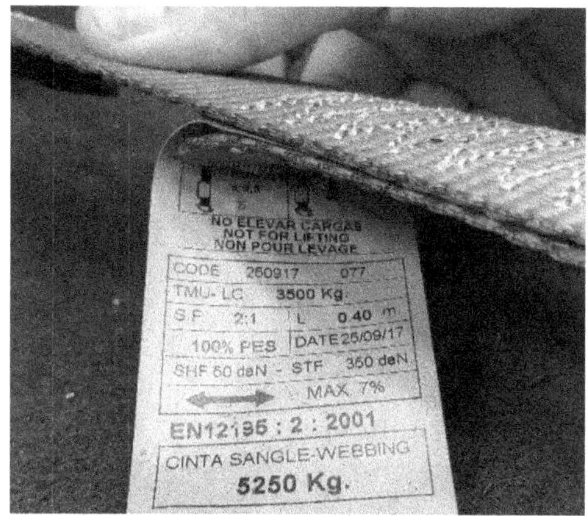

18 | ¿Es necesario el marcado CE en las etiquetas de los dispositivos de sujeción?

No es obligatorio el marcado CE, pero tampoco es sancionable a nivel estatal si se incluye. No obstante, a nivel internacional puede suponer algún problema. Por ejemplo, el artículo 7 de la German Product Safety Act (Produktsicherheitsgesetz-ProdSG) prohíbe este marcado expresamente. Así, las cintas con marcado CE en Alemania son objeto de sanción; esta norma indica de forma literal:

> «Las cintas de amarre con marca CE son un problema generalizado. El artículo 7 de la Ley de seguridad de productos alemana prohíbe esta marca, por lo que una marca CE en la etiqueta de una cinta de amarre significa que esta cinta de amarre debe desecharse».

En España, sin embargo, no se dispone de normativa que lo prohíba expresamente. Algunos fabricantes lo incluyen, pero no es obligatorio ni viene indicado en la norma 12195-2.

Conclusión

En Alemania sancionan cintas de amarre con marcado CE, pero es en base a una norma alemana, no a las normas EN 12195-2, 3 y 4.

- Las cintas de amarre para el aseguramiento de cargas en los vehículos deben de estar de acuerdo a la norma EN 292 para los riesgos no cubiertos por la norma EN 12195-2.
- La norma EN 292-1de seguridad de las máquinas lo aborda en el apartado de conceptos básicos, principios generales para el diseño, en la parte 1 de «Terminología básica, metodología» y en su parte 2.
- En la norma EN 292-2:1991 (seguridad de las máquinas: conceptos básicos, principios generales para el diseño. Parte 2: relativa a «Principios y especificaciones técnicas»), se regula el marcado CE obligatorio en maquinaria. Debemos indicar que, para la Administración, una cinta de amarre no es considerada «máquina», por lo que no debiera indicarse el marcado CE, aunque no sea sancionable a nivel estatal.

19 | ¿Qué es el código de trazabilidad del fabricante?

Es una serie de letras o cifras que deben estar obligatoriamente marcadas en un componente. Permiten seguir su historial de fabricación, además de distinguir:

- En cintas de amarre: la identidad de la cinta.
- En cables y cadenas de acero: la identificación de la colada de acero utilizada (EN 1677-1).

20 | ¿Las etiquetas de las cintas deben ser siempre azules?

No necesariamente. Las etiquetas, según la norma EN 12195-2, deben tener los siguientes colores, dependiendo del material de fabricación:

- Azul: cintas de poliéster (PES).
- Verde: cintas de poliamida (PA).
- Marrón: cintas de polipropileno (PP).

21 | ¿Los útiles deben llevar certificado?

En la norma EN 12195-2 no se indica nada sobre el certificado físico de homologación, pero sí sobre «instrucciones de utilización» y etiqueta.

En carretera deberán usarse cintas homologadas, puesto que las etiquetas deben contener el nombre de la norma.

22 | ¿Qué deben contener las instrucciones de uso de una cinta de amarre?

El anexo B de la norma EN 12195-2 indica que cada cinta o conjunto de amarre debe contener sus correspondientes instrucciones de utilización, con el siguiente contenido:

- Las cintas deben escogerse según tamaño, forma y características de la mercancía.
- Las unidades de carga autoportantes deben asegurarse con un mínimo de dos cintas para amarre friccional y dos pares para amarre en diagonal.

- Las cintas deben ser fuertes y de longitud correcta. Las reglas fundamentales para su utilización son las siguientes:

  - Hay que calcular el número de cintas de amarre según la norma EN 12195-1.
  - Solo deben utilizarse cintas de amarre para amarre friccional con valor STF inscrito en la etiqueta.
  - Verificar la fuerza de tracción periódicamente, en especial después de comenzar el transporte.
  - No deben utilizarse diferentes sistemas de amarre (cadena y cintas de amarre) para sujetar la misma carga, debido a su diferente comportamiento y alargamiento bajo condiciones de carga.
  - Deben tenerse en cuenta las fijaciones (componentes) auxiliares y la compatibilidad de los dispositivos de amarre de cargas con la cinta de amarre.

- La estabilidad de la carga es independiente del equipo de amarre; el aflojamiento de la cinta no puede causar pérdida o caída fuera del vehículo.
- En algunos transportes, se fija el equipo de elevación antes de aflojar el dispositivo tensor, para evitar cualquier caída o inclinación accidental de la carga.
- Especial atención a líneas aéreas de alta tensión durante la carga y descarga.
- Hay que planificar la fijación y tener en cuenta las descargas parciales.
- Indicaciones ante resistencia por agentes químicos.
- Las variaciones de temperatura afectan a la tensión ejercida. Debe verificarse siempre después de la entrada a zonas calurosas.
- Se deben tener en cuenta los criterios de rechazo de cintas y mantenimiento, protección de las mismas.

23 | ¿Las tensoras de las cintas de amarre deben tener algún marcado?

Las tensoras, así como las piezas extremas, los dispositivos de retención de la tensión y los indicadores de tensión, deben marcarse con el nombre o símbolo de la empresa fabricante o suministradora.

24 | ¿Cuántas vueltas debe dar la cinta sobre el husillo de la tensora?

La norma EN 12195-2, punto 6.4, indica que el dispositivo tensor debe efectuar un enrollamiento mínimo de 2 ¼ vueltas de la cinta textil sobre el tambor.

25 | ¿Las cintas de amarre tienen caducidad?

La norma EN 12195-2 nada indica sobre la caducidad de las cintas. Solo es obligatorio señalar el año de fabricación y tener especial cuidado respecto a las indicaciones para no utilizar una cinta defectuosa o enviarla a la empresa fabricante para su reparación. Las eslingas de elevación sí tienen revisiones obligatorias (norma EN 1492-1).

26 | ¿Cuándo hay que sustituir una cinta de amarre?

Las cintas de amarre deben rechazarse o devolverse a la empresa fabricante para su reparación, en los casos siguientes:

- Si ha existido contacto con productos químicos, previa consulta al fabricante.
- Si existen desgarros, cortes, muescas, roturas de fibras componentes o de las costuras de retención, o por deformaciones por exposición al calor.

- Si en las tensoras y piezas de extremos existen: deformaciones, fisuras, marcas de desgaste pronunciado, signos de corrosión.
- Si las cintas no tienen etiqueta o esta es ilegible.
- Si se han producido nudos en la cinta.

27 | ¿Las costuras pueden asegurarse o hacerse con hilos distintos del material de la cinta?

Las cintas de amarre nunca deben manipularse. En las costuras debe emplearse hilo del mismo material que la cinta, aunque puede ser de un color diferente. Las cintas manipuladas o cortadas por personas distintas del fabricante no deben ser utilizadas.

28 | ¿El material de la cinta afecta a la selección de la misma?

Se debe prestar especial atención al material con que se ha fabricado la cinta de amarre si esta puede entrar en contacto con sustancias químicas. Por ejemplo:

- Las cintas de poliéster no se dañan por álcalis, pero sí por ácidos minerales.
- Las cintas de poliamida no se dañan por ácidos minerales, pero sí por álcalis.
- Las cintas de polipropileno resisten ácidos y álcalis, pero no ciertos disolventes orgánicos.
- Las concentraciones inocuas de álcalis y ácidos pueden resultar dañinas por evaporación. En ese caso, las cintas se deben retirar completamente del

servicio, sumergiéndolas en agua fría y dejándolas secar al aire libre. Consultar después con el fabricante.

29 | ¿Es obligatorio usar cantonera?

El uso de cantonera es obligatorio en función del tipo de carga. La cinta debe estar protegida contra la fricción, abrasión y daños debidos a cargas con extremos cortantes, utilizando manguitos protectores o protectores de ángulo.

En cargas sin bordes cortantes, aristas vivas o bordes causantes de abrasión en los dispositivos de sujeción, no sería obligatorio.

30 | ¿Puede utilizarse antideslizante como cantonera?

Como norma general no es aconsejable. Aunque no existe una norma internacional que regule su uso. Emplear antideslizante como cantonera puede suponer un peligro, ya que las aristas vivas cortarán el antideslizante y este no cumplirá su función, poniendo en peligro la integridad de la carga.

Si no hay aristas vivas y el antideslizante es grueso podría servir, pero no es aconsejable emplearlo porque no es la función para la que está diseñado.

Asimismo, no se deben usar chapas de metal por la peligrosidad que presentan ante cualquier caída.

31 | ¿La goma antideslizante debe llevar certificado?

El uso de goma antideslizante o de cualquier otro material (espumas, láminas de papel, etc.) que aumente la fricción debe acompañarse de un certificado en el que se indique su coeficiente de fricción, a fin de tenerlo en cuenta para realizar los cálculos según la norma EN 12195-1:2010.

32 | ¿Puedo usar una palanca para apretar más la cinta?

Está prohibido el uso de elementos mecánicos auxiliares como prolongaciones, palancas, barras, etc., para apretar una cinta.

Las cintas de amarre no deben sobrecargarse y solo se debe aplicar la carga máxima manual de 500 N (50 daN sobre la etiqueta; 1 daN = 1 kg, aproximadamente).

Tampoco se debe dejar caer nuestro peso sobre la cinta para apretarla más; es una práctica prohibida.

33 | ¿En qué consiste la norma EN 12195-3?

EN 12195-3:2002
Dispositivos para la sujeción de la carga en vehículos de carretera.
Seguridad. Parte 3: Cadenas de sujeción

Se trata de una norma que regula las características y requisitos mínimos para que las cadenas de amarre sean seguras. Aborda las partes, el contenido de la chapa identificativa o las características a cumplir para ser considerada apta, entre otros aspectos.

Para cumplir esta norma basta con usar cadenas que indiquen su cumplimiento y utilizarlas según sus indicaciones.

  Más información sobre cómo obtener la norma EN 12195-3 en este enlace QR.

34 | ¿Qué es una cadena de amarre?

Es un elemento para asegurar la carga, que consiste en un dispositivo de tensión y una cadena, con o sin accesorios de unión.

El dispositivo de unión y tensado son los conocidos como tensores de husillo, polipastos de palanca multiuso, etc.

35 | ¿Las cadenas deben llevar alguna documentación?

La norma 12195-3 indica (anexo B) que las cadenas deben ir acompañadas de instrucciones de uso y de certificado del fabricante, en el que se indica la conformidad con la norma y que contenga los siguientes datos:

- Nombre de la empresa fabricante o suministradora, fecha y firma.
- Número y parte de esta norma europea.
- Número o símbolo de identificación de la cadena de amarre.
- Descripción de la cadena, incluyendo una lista de sus componentes.
- Tamaño nominal de la cadena y marca de la clase 8.
- Tamaño nominal (número de código) de los componentes y marca de la clase 8 para los tipos C1, C2, C3, D1, D2, D4, D5 y D7.
- Longitud nominal.
- Capacidad de amarre (LC).

36 | ¿Las cadenas deben llevar algún tipo de marcado?

En el apartado 8 de la norma EN 12195-3 se indica que todas las cadenas de sujeción completa deben marcarse con una chapa metálica con la siguiente información:

- Capacidad de sujeción (LC) en kilonewtons (kN).
- Fuerza normalizada de tensado (STF) en daN, para la que se ha diseñado el equipo.
- Para los polipastos manuales de palanca, indicación de la máxima fuerza para alcanzar la WLL (carga de trabajo máxima autorizada para trabajar con un aparato).
- Tipo de sujeción.
- Advertencia: «No utilizar para elevar cargas», salvo para los polipastos de palanca.
- Nombre, símbolo o marca del fabricante o suministrador.
- Código de trazabilidad de la empresa fabricante.
- Número y parte de la norma.

37 | ¿Qué es un punto de anclaje para cadena?

Es un elemento de sujeción fijo, situado en un vehículo de carga, al cual puede asegurarse directamente un amarre.

Un punto de anclaje puede ser un anillo ovalado, un gancho, una anilla en forma de D o un rail de sujeción.

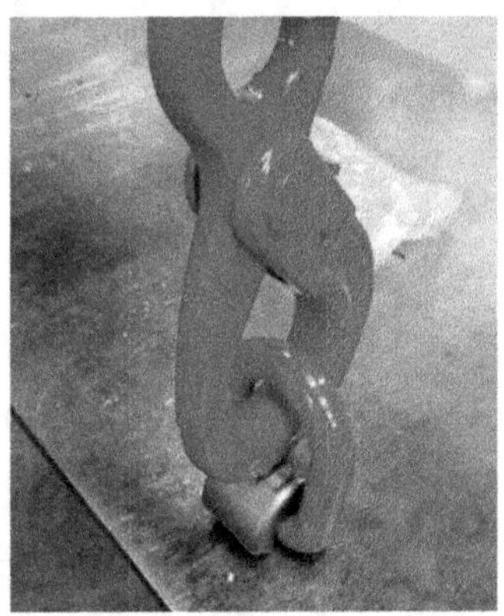

38 | ¿Qué es un amarre combinado?

Es un dispositivo para asegurar una carga, compuesto por un dispositivo de tensado y una cadena combinada con cintas textiles o cables de acero, con o son accesorios de unión. El conjunto debe estar homologado.

Se ha de tener en cuenta que no es lo mismo un amarre combinado que una combinación de amarres Por tanto, usar distintos tipos de amarre (cintas con cadenas o cables de acero) para una misma carga está prohibido.

39 | ¿Cuándo hay que rechazar o desechar una cadena?

Las indicaciones para ello vienen definidas en la norma EN 12195-3 (anexo B.7), donde se indica que las cadenas deben ser rechazadas o devueltas a la empresa fabricante para su reparación si presentan signos de deterioro tales como:

- Para las cadenas: grietas superficiales, alargamientos superiores al 3 %, desgastes superiores al 10 % del diámetro nominal o deformaciones visibles.
- Para los accesorios de unión y los tensores: deformaciones, grietas, marcas de desgaste pronunciado o signos de corrosión.

Asimismo, en el anexo B.9 se indica que solo se deben utilizar cadenas de amarre, marcadas y etiquetadas de manera legible.

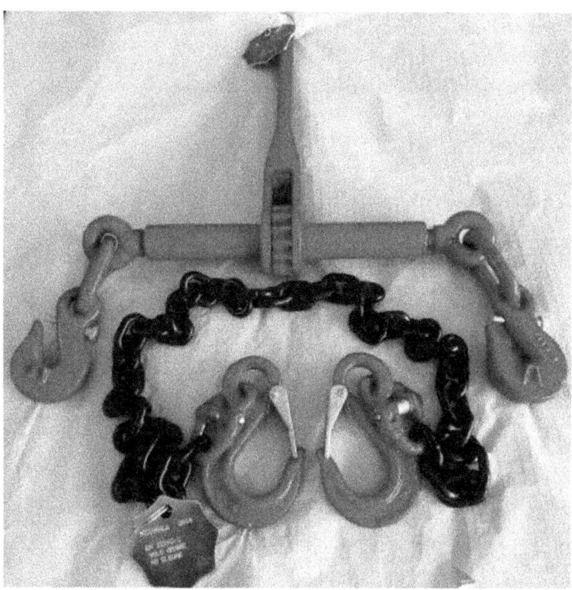

40 | ¿Puede sancionarse amarrar una misma carga con cadena y cable? ¿Sería amarre combinado?

Es sancionable porque no se debe amarrar una carga con distintos tipos de útiles, ya que tienen alargamientos y comportamientos distintos.

En la figura adjunta puede verse la sujeción de una carga mediante cadena y cinta de amarre, algo del todo incorrecto.

41 | ¿En qué consiste la norma EN 12195-4?

EN 12195-4:2004
Dispositivos para la sujeción de la carga en vehículos de carretera.
Seguridad. Parte 4: Cables de amarre de acero

Esta norma regula el uso de cables de acero para sujeción de cargas. Indica cuestiones como cuándo cambiar un cable de acero, las características y la identificación, entre otras.

+i   Más información sobre cómo obtener la norma EN 12195-4 en el este enlace QR.

42 | ¿Cuándo se debe cambiar un cable de acero?

Los cables de amarre deben inspeccionarse a intervalos regulares por una persona competente. Deberían retirarse si se detectasen alguno de los siguientes casos de deterioro:

– Grietas localizadas, reducción por abrasión del diámetro del casquillo de más del 5 %.
– Daños en el casquillo o en el trenzado.
– Roturas visibles de más de cuatro alambres en una longitud de 3d, más de seis alambres en una longitud de 6d, o más de 16 en una longitud de 30d (siendo *d* el diámetro del cable).
– Aplastamiento del cable en más del 15 %, defectos y cocas.
– Para los componentes de unión y los dispositivos de tensado: deformaciones, grietas, marcas de desgaste pronunciadas o signos de corrosión.
– Defectos evidentes en las mordazas de los tensores del cable.
– Los cables de acero de amarre con cordones rotos no deben utilizarse.

43 | ¿En qué ocasiones es idóneo el uso de un tipo de amarre u otro, combinando con la técnica de amarre?

Si bien hay un criterio general que es el económico, desde el punto de vista técnico y legal, el criterio fundamental es el de la seguridad. Elegir un cable o cadena frente a una cinta, por ejemplo, depende de cuestiones como el riesgo de abrasión o corte. Como segundo componente de nuestra decisión está la técnica que, en ocasiones, exige un determinado tipo de útil y no otro.

44 | ¿Qué es la norma EN 12640?

UNE EN 12640:2001
Fijación de la carga en vehículos de carretera. Puntos de amarre en vehículos comerciales para transporte de mercancías. Requisitos mínimos y ensayos

Esta norma identifica cuestiones como:

- El número de puntos de amarre necesarios en función del tipo de vehículo.
- La resistencia que deben tener y cómo identificarla.
- Las identificaciones que deben tener los vehículos para reflejar su cumplimiento.

Esta norma indica que si no se conoce la resistencia de los puntos de amarre se considerará una resistencia de 2.000 daN para vehículos de más de 12 t de MMA. En caso de precisar puntos de mayor resistencia deben considerarse las indicaciones de la norma al respecto.

  Más información sobre cómo obtener la norma EN 12640 en este enlace QR.

45 | ¿Qué se considera un punto de amarre?

La norma EN 12640 define un punto de amarre como:

«Dispositivo de anclaje a un vehículo al que se puede fijar directamente un amarre. Un punto de amarre puede ser por ejemplo un eslabón oval, un gancho, un anillo, un saliente de amarre».

Se pueden utilizar diversos tipos de puntos de amarre, según lo recomendado en la *Guía europea de mejores prácticas sobre sujeción de cargas para el transporte de carreteras:*

Eslabón oval

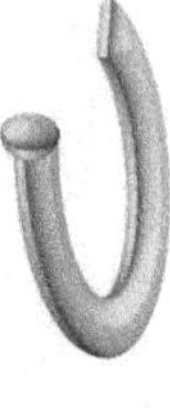

Gancho

Anillo soldable

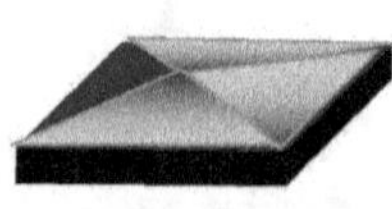

Saliente de amarre

- Eslabón ovalado, gancho o anillas fijadas en la plataforma de carga, llamados ojales de fijación *(eyelet)*.
- Vigas longitudinales de los laterales izquierdo y derecho debajo de la plataforma de carga.
- Orificios de anclaje de los perfiles izquierdo y derecho de la plataforma.

46 | ¿Se puede amarrar dos cintas en un mismo punto de amarre?

En algunas ocasiones, se utilizan varias cintas en la misma dirección para sujetar una carga pesada. Hay que comentar que, en la mayoría de los casos, las fuerzas de la inercia provocarán fuerzas desiguales sobre los puntos de amarre.

Es mejor utilizar un único punto rígido para evitarlo.

47 | ¿Son válidos los puntos de amarre de tipo trinquete?

En algunos casos, los puntos de amarre de tipo trinquete se montan en la estructura de carrocerías que no cumplen con las normas EN 12640 y EN 12195-2. En estos casos, si no tienen ningún tipo de certificado no serían válidos.

Dado que pueden encontrarse en diferentes tamaños y con diferentes prestaciones, no se ha establecido una resistencia mínima general. Pueden utilizarse según las especificaciones de su certificado de ensayo, siempre que se acompañen del certificado del fabricante.

48 | ¿Es necesario certificar los puntos de amarre?

La norma EN 12640 actúa como directriz y su cumplimiento no es obligatorio. La Guía europea de mejores prácticas para la estiba segura y la norma EN 12640 establecen que, a falta de certificado, los puntos de anclaje en buen estado de un vehículo de más de 12 t de MMA con buen mantenimiento soportarán 2.000 daN.

En caso de tener certificación, esta identificará la resistencia de los diversos puntos de amarre, tanto de los que están en el suelo como los que pudiese haber en otras partes de la estructura del vehículo. El sistema multilock también debería certificarse.

49 | ¿Cómo calcular los puntos de amarre de un camión, si un fabricante los ha de proporcionar?

La norma reguladora de los puntos de amarre es la EN12640, que determina cuántos y de qué características debería tener el camión, según:

1) La longitud de la plataforma de carga.
2) La distancia máxima entre los puntos de amarre.
3) La fuerza de fijación admisible.

Acorde a la norma EN12640, los vehículos deberían estar dotados del mayor valor entre los siguientes puntos:

Cálculo	Parámetros	Total	Por lado
Cálculo 1. Según longitud	Vehículos con longitud efectiva de carga < 2200 mm	4	2
	Vehículos con longitud efectiva de carga > 2200 mm	6	3

Cálculo	Parámetros	Distancia
Cálculo 2. Según distancia máxima entre puntos de amarre	Parte situada por encima del eje trasero	< 1200 mm
	Encima del eje trasero	1200 mm
	Distancia primer y último punto de amarre a paredes	≤ 500 mm

Cálculo	Parámetros	Número de amarres
Cálculo 3. Según la fuerza de tracción admisible	Vehículos con MMA < 12 t	$x = (1{,}5\ P) / 20$ *
	Vehículos con MMA > 7,5 t < 12 t	$x = (1{,}5\ P) / 10$
	Vehículos con MMA >3,5 t < 7,5 t	$x = (1{,}5\ P) / 8$

* x = número de amarres a usar / P = *payload* o carga útil

Ejemplo

Un camión de 7,75 m de largo, suelo de chapa y 16 t de MMA. Estos serían los requisitos para adaptar el vehículo:

Ítem	Descripción de la tarea a realizar
Punto de amarre	Son necesarios 7 puntos de amarre por lado de, al menos, 2285 daN. Se recomienda colocar todos nuevos, con un indicador de resistencia
Suelo	El suelo de estos vehículos tiene muy poca fricción (0,2), lo que hace que en los cálculos salga un gran número de amarres. Es necesario comprar antideslizante y colocar para reducir dicho número de amarres.
Útiles	Es necesario tener unos útiles adecuados para la realización de la estiba. Se recomienda disponer de 8 cintas de amarre de 500 daN de STF, junto con cantoneras de tubo.

50 | ¿Qué resistencia deben tener los puntos de amarre?

La norma EN 12195 indica que los útiles de sujeción deberán seleccionarse según la resistencia de los puntos de amarre. Por ejemplo, si se utiliza una cinta de 2.000 daN, es totalmente incompatible engancharla en un punto de amarre que soporte fuerzas de 1.000 daN. Por tanto, debemos conocer que en:

- **Puntos de amarre fijos.** Cada punto de amarre debe soportar, como mínimo, las siguientes fuerzas de amarre dentro de las restricciones de la norma EN 12640:

Masa total máxima (m) autorizada del vehículo (en t)	Fuerza de tracción admisible para los puntos de amarre (en kN)
3,5 < m ≤ 7,5	8
7,5 < m ≤ 12	10
m > 12	20

En general se recomienda 40 kN/punto. Se presupone que los puntos de amarre tienen estas resistencias, incluso si no existe certificado, cuando se encuentran en buen estado. En caso de que exista certificado con mayores resistencias, se atenderá al marcado del fabricante.

- **Viga longitudinal.** Se puede utilizar la viga longitudinal que hay debajo de la plataforma para fijar los tipos de amarre superior y amarre en bucle. El número de amarres que se enganchan a la viga y la fuerza ejercida debe calcularse de forma que no pueda deformar la carrocería del vehículo.

- **Orificios de anclaje de los perfiles.** Se pueden utilizar dos orificios por metro con las fuerzas indicadas para los puntos de amarre fijos (véase la tabla anterior).

+i Más información sobre la norma EN 12640 en este enlace QR.

- **Carriles de las plataformas superior y esquinas.** Los anclajes de los carriles no soportan las fuerzas transversales, puesto que soportan tensiones muy pequeñas (500 daN), por lo que es necesario fijar la mercancía con otros medios y utilizar estos carriles para fijar barras de bloqueo.

51 | ¿Cómo elegir el punto de amarre?

Para elegir correctamente las piezas de los extremos (conectores o ganchos), se debe considerar el tipo de punto de amarre (ojal o viga debajo de la plataforma), lo que hará más conveniente un conector abierto en forma de tenedor o cerrado.

Se debe tener en cuenta que los puntos de amarre en contenedores y cajas móviles poseen una resistencia determinada, de acuerdo con sus normas reguladoras ISO 1496 y EN 283.

52 | ¿De qué trata la norma EN 12641?

EN 12641-1:2005
Cajas móviles y vehículos comerciales. Lonas. Parte 1: Requisitos mínimos

EN12641-2:2007
Cajas móviles y vehículos comerciales. Lonas. Parte 2: Requisitos mínimos para cortinas laterales

Como podemos ver, esta norma tiene dos partes. Ambas tratan temas como la resistencia, las características requeridas o la identificación entre otros puntos.

Más información sobre cómo obtener las normas EN 12641-1 (QR izq.) y EN 12641-2 (QR der.).

¿Sabías que...?

En determinados tipos de carga la resistencia de las lonas es fundamental para poder soportar la carga transportada.

53 | ¿Qué regula la norma EN 12642?

UNE EN 12642:2017
Fijación de la carga en vehículos de carretera. Estructura de la carrocería de los vehículos comerciales. Requisitos mínimos

Esta norma aborda la resistencia que debe tener una carrocería si es que se quiere sujetar la carga únicamente con la misma. Los dispositivos de fijación en las diferentes unidades de transporte dependen del tipo de carga y de la resistencia de las paredes laterales, testero (panel delantero) y parte trasera.

Hay dos modalidades en la norma: L y XL. En la figura adjunta se presentan los requisitos de resistencia de los vehículos tipo *tauliner* (lona abatible), tipo cartola (lona con puertas abatibles) y de caja cerrada (furgón cerrado), según la norma EN 12642-L y EN 12642-XL en camiones. Las cifras porcentuales que aparecen se refieren al porcentaje de carga útil que debe soportar cada parte de la estructura representada.

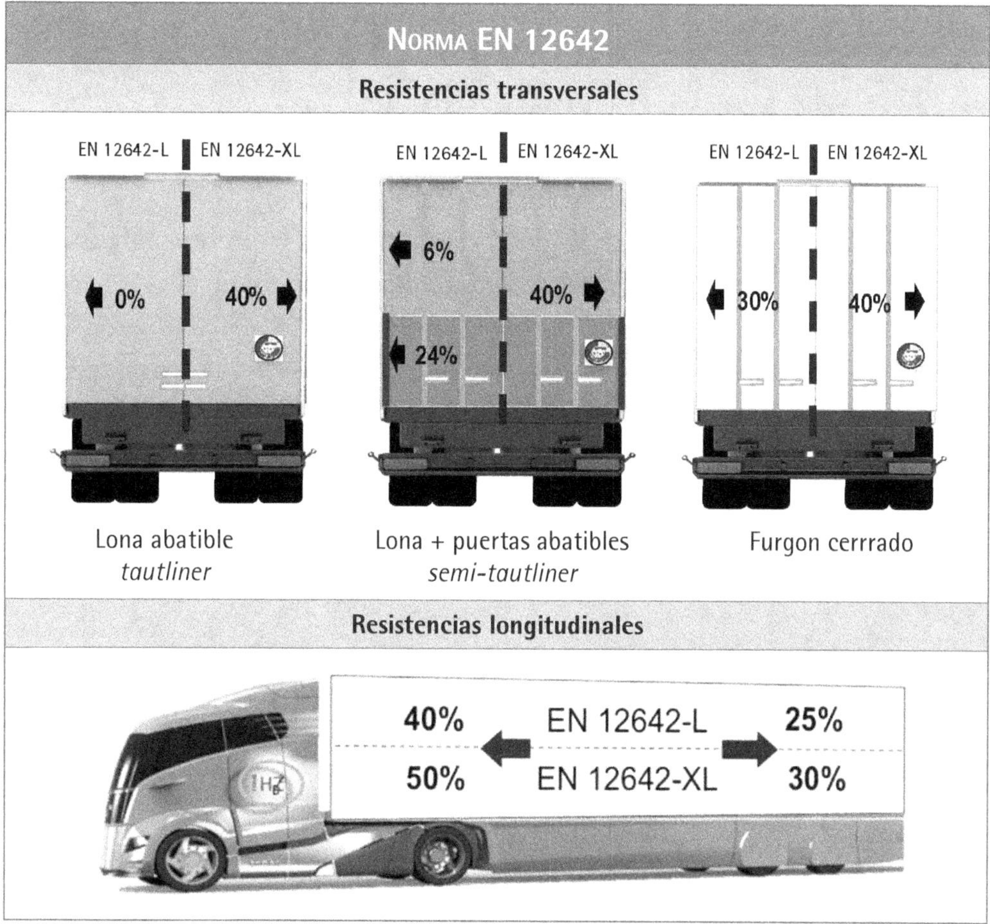

Ejemplo

Se dispone de un semirremolque tipo *tautliner* con una carga útil de 24 t. ¿Cuánto deberán aguantar las paredes, testero y puertas?

Solución: Testero: 24 x 0,5 P = 12.000 daN
Laterales: 24x 0,4 P = 9.600 daN
Puertas: 24 x 0,3P = 7.200 daN

Las resistencias aparecen en los certificados que acompañan a los vehículos (véase un ejemplo en el anexo final de este manual).

54 | ¿Cómo comprobar que un vehículo es XL?

El vehículo XL debe llevar un certificado del carrocero/fabricante y una pegatina o placa delantera. Además, si es un vehículo con lona deberá llevar una pegatina interior amarilla sobre fondo negro indicando las resistencias. En el certificado se establecen los requisitos bajo los cuales el camión ofrece la resistencia indicada; por ejemplo: altura máxima a remontar, tablillas (remontas) a utilizar, etc.

¿Sabías que...?

La pegatina trasera es voluntaria, no obligatoria.

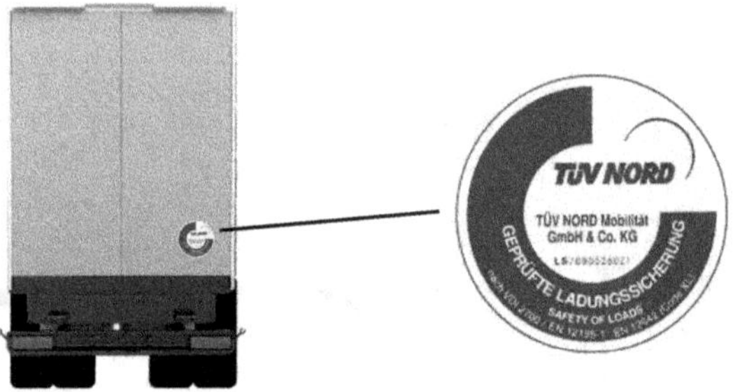

Esta otra pegatina en cambio es obligatoria y expresa las resistencias de las paredes delantera, lateral y trasera.

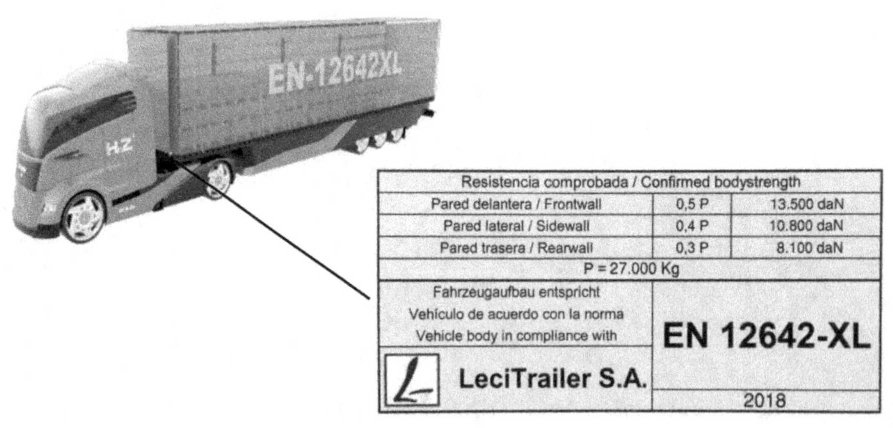

Resistencia comprobada / Confirmed bodystrength		
Pared delantera / Frontwall	0,5 P	13.500 daN
Pared lateral / Sidewall	0,4 P	10.800 daN
Pared trasera / Rearwall	0,3 P	8.100 daN
P = 27.000 Kg		
Fahrzeugaufbau entspricht Vehículo de acuerdo con la norma Vehicle body in compliance with	**EN 12642-XL**	
LeciTrailer S.A.		2018

55 | ¿Debe renovarse una flota para adaptarla a la EN 12642?

La respuesta es negativa. Si se utiliza la estructura de los vehículos (paredes) para sujetar la carga, sí se debería adaptar la flota para que cumpla lo dispuesto en las normas EN 12642-L o EN 12642-XL.

De lo contrario, se deberá utilizar una de las técnicas de sujeción o una combinación de ellas, de entre las estipuladas en estas normas.

Conclusión

- Así pues, la norma EN 12642 regula lo relativo a la sujeción de la mercancía en transporte por carretera, en vehículos de más de 3,5 t de MMA.
- Establece las condiciones de resistencia de la estructura del camión, es decir, lo que resistirá longitudinal y transversalmente sin utilizar otro medio de sujeción para la carga.

En el siguiente cuadro de la IRU, se observa que la sujeción lateral que aporta un camión que cumple la norma EN 12642-XL se corresponde con un valor del 40 % del peso máximo de la carga uniformemente distribuida.

Si la fuerza *G*, fuerza que aplica la gravedad sobre una mercancía durante el transporte, es del 50 % del peso de la misma hacia los lados (vuelco en curvas), se puede concluir que junto con el 40 % de retención lateral y un valor medio de fricción se tendría la carga bien sujeta.

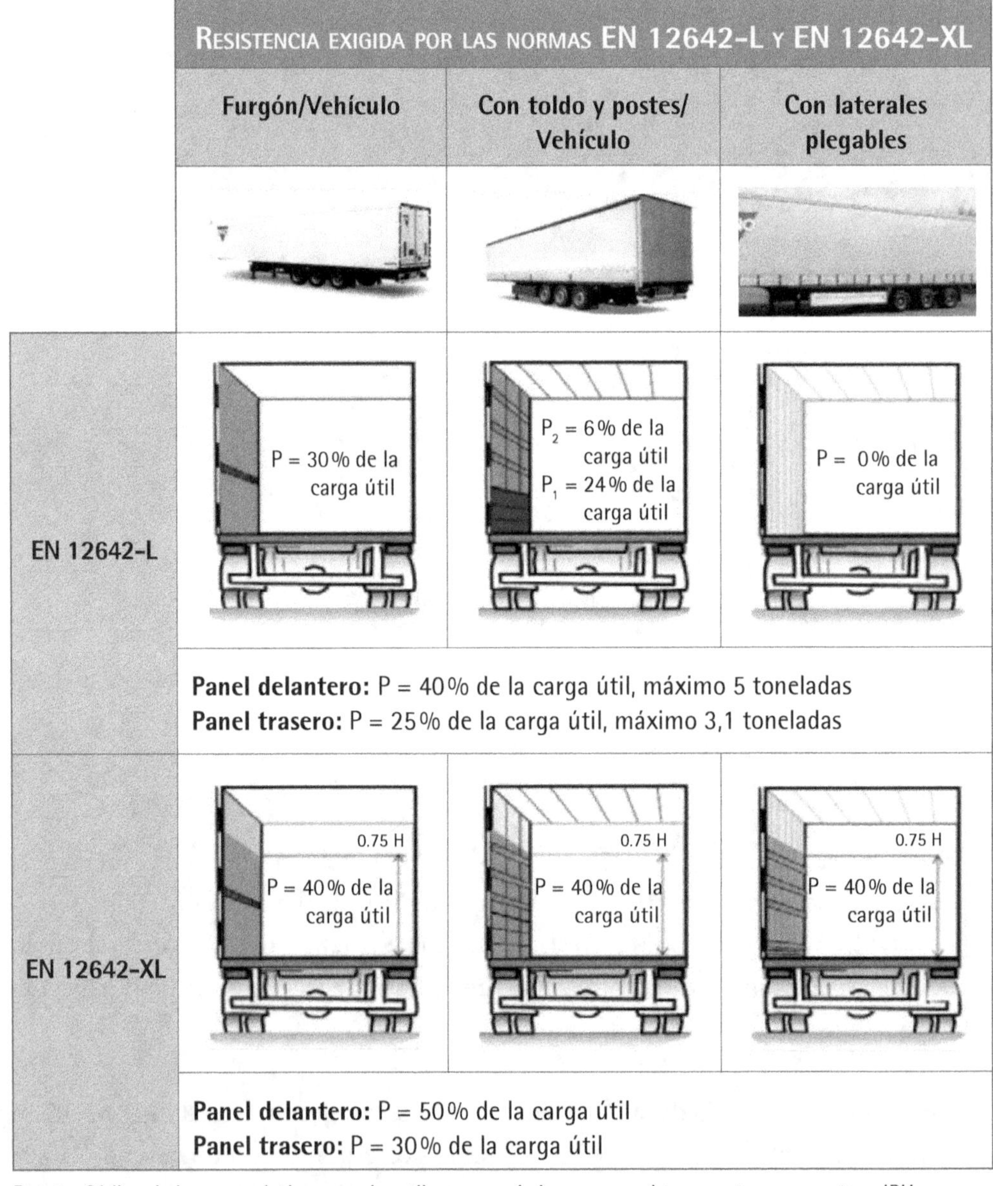

Fuente: Código de buenas prácticas para la estiba segura de la carga en el transporte por carretera, IRU.

La IRU facilita unas tablas mediante las que es posible calcular las toneladas máximas que retiene el panel delantero y trasero del camión, sin utilizar ninguna otra sujeción, y decidir si emplear otro método de retención sobre el peso excedido.

PANEL DELANTERO	
Factor de fricción (μ)	**Peso de la carga que puede ser bloqueado contra el panel delantero, hacia delante (t)**
0,15	7,8
0,20	8,4
0,25	9,2
0,30	10,1
0,35	11,3
0,40	12,7
0,45	14,5
0,50	16,9
0,55	20,3
0,60	25,4

PANEL TRASERO	
Factor de fricción (μ)	**Peso de la carga que puede ser bloqueado contra el panel trasero, hacia atrás (t)**
0,15	9,0
0,20	10,5
0,25	12,6
0,30	15,8
0,35	21,0
0,40	31,6

56 | ¿Es cierto que en un vehículo con certificado EN 12642-XL no es necesario sujetar la carga?

En un vehículo XL con carga completa repartida uniformemente, cumpliendo los requisitos de su certificado, no es necesario amarrar la carga en su interior siempre que:

• No haya espacios superiores a 15 centímetros entre la carga y paredes.

- Se cumplan los requisitos de su certificado (por ejemplo: uso de remontas laterales).
- Se bloqueen dichos espacios con materiales de bloqueo o relleno, para crear una carga compacta. La carga no puede desplazarse en el interior de la plataforma.
- Exista una fricción superior a 0,1 hacia los lados, y de 0,3 hacia delante.
- Si remontamos carga y no es completa, se deberá bloquear o amarrar con algún tipo de técnica aceptada reglamentariamente.

57 | ¿Todos los vehículos EN 12642-XL permiten no sujetar la carga?

No por el simple hecho de ser un vehículo XL. La carga no se encuentra sujeta si no se cumplen ciertos requisitos de su certificado.

No se debe generalizar y decir que en los vehículos XL no es necesario trincar la carga en su interior. Primero se debe acudir al certificado de ensayo que aporta la empresa fabricante.

Se trata de un certificado físico, en papel, en el que se indican los requisitos a cumplir para que el vehículo aporte la resistencia que se certifica. Por ejemplo, a cuánta altura se puede remontar para tener la resistencia lateral anunciada, o el número de remontas a llevar en sus lugares correspondientes.

Se debe tener en cuenta que si las paredes o lonas laterales se utilizan para el bloqueo de la carga, es importante utilizar el tipo y el número de listones que se especifica en el certificado de ensayo. Si se carga el camión por el lateral y se quitan las remontas y no se vuelven a colocar por razones operativas o de prevención de riesgos, esas paredes ya no tendrían la resistencia inferida por su certificado XL.

Un factor importante es que no se debe dar por hecho que un camión XL lo es por el simple hecho de llevar pegatina, hay que disponer del certificado del vehículo físico. La pegatina de las paredes laterales es opcional; de hecho se están dando casos de falsificación para hacer creer en carretera o al cliente que se trata de un vehículo XL y que no necesita trincar la carga.

Tampoco se debe pensar que la trama cuadrada de las lonas es característica de los XL, sino que es un sistema antirrobo que poseen muchas lonas, aunque no sean certificadas EN 12642-XL.

Los listones deben colocarse de tal forma que el peso de la carga se distribuya por las partes de las compuertas laterales que soportan la carga (puntales, vigas de techo y suelo).

58 | ¿Qué normativa regula las bañeras?

Las bañeras se encuentran englobadas en el RD 563/2017. Son vehículos en los que se utiliza la técnica que denominamos de «bloqueo» o «contención» para sujetar la carga. Es decir, la carga va sujeta con la estructura del vehículo.

Estos vehículos están diseñados para transportar graneles, de modo que la carga no puede desplazarse dentro de la bañera ni haber espacios superiores a 15 cm; no disponen de puntos de anclaje ni elementos de bloqueo como barras, etc.

  Más información sobre cómo obtener la norma EN 12642 en este enlace QR.

59 | ¿Qué es la norma EUMOS 40511?

Eumos 40511-2013
Método de prueba para postes montados, utilizados para asegurar la carga en vehículos comerciales y remolques

El alcance de la norma está limitado a los postes que están fijados a la plataforma del vehículo, para ser utilizados con fines de sujeción de la carga. Describe un método de prueba, requisitos mínimos y especificaciones de certificado de prueba.

Esta norma está destinada principalmente a fabricantes de carrocerías, a fin de que puedan homologar la resistencia de los postes.

> **¿Sabías que...?**
>
> EUMOS (European Safe Logistics Assosiation) es una organización sin ánimo de lucro, centrada en la seguridad del transporte de carga, incluido el embalaje, el almacenamiento, la carga y la sujeción de la carga.

Más información sobre EUMOS 40511
en este enlace QR.

60 | ¿Qué normas sobre estructuras de contenedores incluye el RD 563/2017?

Contenedores: ISO 1161, ISO 1496-1, ISO 1496-2, ISO 1496-3, ISO 1496-4, ISO 1496-5

- **Paredes traseras y frontales.** Según lo indicado en la norma ISO 1496, las paredes delanteras (testero) y traseras deben resistir una carga interior (fuerza) equivalente al 40 % del peso máximo de la carga, uniformemente distribuida.
- **Paredes laterales.** Las paredes laterales debe resistir una carga interior (fuerza) equivalente al 60 % del peso máximo de la carga, distribuido de forma eficiente a lo largo de la estructura lateral.

Cajas móviles: EN 283

La resistencia de la estructura de las cajas móviles viene determinada por la norma EN 283, de forma muy similar a lo indicado por la EN 12642-L para los camiones cerrados.

Todas estas normas tratan sobre las características que deben tener los contenedores o las cajas móviles para ser seguros, las resistencias requeridas y las partes obligatorias para estar homologados.

No son excesivamente relevantes para quienes actúan como usuarios de estas unidades de transporte de carga, ya que van orientadas a sus constructores. Por ello, basta con ver que el contenedor o la caja móvil están homologados y tener en cuenta la resistencia de sus paredes y puntos de anclaje para sujetar la carga.

61 | ¿Qué es la norma EUMOS 40509?

EUMOS 40509
Método de ensayo para medir la rigidez de una unidad de carga

Esta norma dispone los tests y análisis para determinar que un embalaje es idóneo y apto para el transporte, siendo responsabilidad del cargador entregar la mercancía perfectamente acondicionada y embalada, y responder de daños y pérdidas por embalaje inadecuado.

Más información sobre EUMOS 40509 en este enlace QR.

62 | ¿Es necesario tener certificado EUMOS 40511 de los postes? ¿Qué sucede si no se dispone de este certificado?

No es necesario certificarse en las normas técnicas establecidas en el anexo III del RD 563/2017. Pero si no se está certificado, consideraremos que la resistencia es equivalente a 0, es decir, no se conoce la resistencia e interpretaremos que no tiene, debiendo amarrar la carga mediante otra técnica y realizar los cálculos en base a la norma EN 12195-1.

En los camiones de troncos, por ejemplo, si los postes no están homologados, habría que realizar un amarre superior, como el indicado en la imagen adjunta, acorde a la norma EN 12195-1:2010.

63 | ¿Cuándo es obligatorio el uso de cantoneras?

No usar cantoneras es sancionable cuando se transportan cargas con aristas vivas que pueden producir cortes en la cinta de amarre o abrasión en cadenas y cables de acero.

Sin embargo, en cargas sin aristas vivas es aconsejable su utilización cuando haya riesgo de aplastamiento, fricción o abrasión.

64 | ¿Qué normas técnicas regulan la estiba marítima?

Código CTU

Se trata de una publicación conjunta de tres organismos: la Organización Internacional del Trabajo (OIT), la Organización Marítima Internacional (OMI) y la Comisión Económica de las Naciones Unidas para Europa (UNECE). El Código CTU reviste la forma de código global no obligatorio, que estandariza la manera en

la que se presenta y asegura la carga en los contenedores para su transporte marítimo o terrestre.

Se denomina CTU (acrónimo de *cargo transport unit*) a las unidades para el transporte de carga, como pueden ser, entre otras: contenedores, cajas móviles, plataformas de trasbordo, etc.

El Código CTU consta de dos partes:

- **Parte I o cuerpo teórico.** Aborda las responsabilidades, las unidades para el transporte de carga, las técnicas de estiba, los equipos, ejemplos de estiba, formación, los coeficientes de aceleración (fuerzas G en el mar) y los de fricción.

- **Parte II o circular MSC 1498.** Contiene materiales informativos y aborda temas complementarios. Esta circular contiene una guía rápida que distingue entre tres zonas marítimas (A, B y C) para realizar cálculos, también con clavos y antideslizantes.

El cálculo de los útiles de amarre en el Código CTU viene determinado por una serie de tablas. En primer lugar, se debe seleccionar la zona marítima en la que se estará situado y utilizar sus propios cuadros para:

– Calcular amarres necesarios para prevenir el deslizamiento.
– Calcular amarres necesarios para prevenir vuelco.

A continuación, se debe utilizar el mayor de los cálculos obtenidos.

El Código CTU se creó en 1997 y fue renovado en 2014, con el propósito de dar respuesta a tres problemáticas en el transporte marítimo de mercancías:

- El aseguramiento incorrecto de las cargas.
- El sobrepeso.
- La declaración incorrecta de contenido.

Al generar estándares que favorecen la uniformidad y estandarización de sus directrices, ha dado lugar a diversas normativas adicionales.

En 2016 se emitió la instrucción relativa a la verificación de la masa bruta del contenedor, hecho que obliga a los consignadores a comunicar el peso del contenedor de forma precisa.

65 | ¿Es posible sancionar por mala estiba, según el RD 563/2017, en vehículos ligeros de menos de 3,5 t de MMA?

No debería ocurrir, ya que la norma EN 12195-1:2010 excluye de su ámbito de aplicación a este tipo de vehículos, aunque algunos señalan que sí son sancionables y que esta norma es voluntaria. Es cierto que la Directiva tiene una vocación «voluntaria», pero el RD 563/2017, en su anexo III, incorpora las disposiciones sobre sujeción de la carga, en las que se establece que «la carga deberá ir sujeta de forma que resista las aceleraciones y deceleraciones que se producen durante el transporte».

Estas aceleraciones están fijadas en la norma EN 12195-1, que es obligatoria para estibar, y por eso se sanciona no realizar los cálculos conforme a ella.

Esta norma excluye a vehículos de menos de 3,5 t de MMA, porque las aceleraciones de la gravedad en furgonetas son distintas a las de camión. Las normas para estibar furgonetas son la ISO 27955 y la ISO 27956.

El resto de normas del apartado 5 del anexo III del RD 563/2017 son voluntarias y no es necesario certificarse.

66 | ¿Puede amarrar un conductor las cintas de amarre a la viga longitudinal a ambos lados debajo de la carrocería?

La estructura de la carrocería del vehículo debe considerarse con capacidad para resistir fuerzas de gran magnitud. Por tanto, en algunos casos, esta estructura puede utilizarse para sujetar la carga en combinación con el equipo de sujeción apropiado, como:

- Se puede utilizar la viga longitudinal que hay en los laterales izquierdo y derecho debajo de la plataforma de carga de la mayoría de los vehículos para fijar un gancho apropiado del amarre superior y de los amarres de bucle.

- El número de amarres que se enganchan a la viga longitudinal y su fuerza de amarre total deben ser suficientes para evitar que se deforme la carrocería del vehículo (véase el apartado sobre la norma EN 12640).

En muchos vehículos es muy habitual amarrar directamente sobre el chasis del semirremolque.

Recomendaciones de estiba para las cargas habituales			
Bobinas	Alambrón	Ferralla	Chapa
Amarre directo + bloqueo en cuña	Amarre directo + unificación	Amarre directo + bloqueo	Amarre directo + bloqueo
Cajones con cáncamos	Cajones largos	Cajones planos	Cajones riesgo de vuelco
Amarre directo	Amarre en bucle	Amarre superior	Amarre por resorte
Carretillas	Vigas	Paquetes de tubos	Tubos sueltos
Amarre directo	Amarre en bucle	Amarre en bucle + red + cuña	Amarre en bucle + cuña
Palets	Láminas de vidrio	Tabla de marmol	Maquinaria
Amarre superior	Amarre superior en caballete	Amarre superior en caballete	Amarre directo
	Palets de lingotes	Bloques	
	Amarre superior	Amarre directo + bloqueo en cuña	

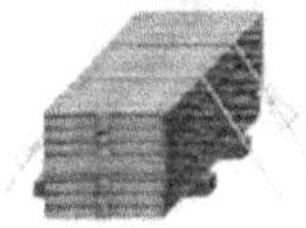

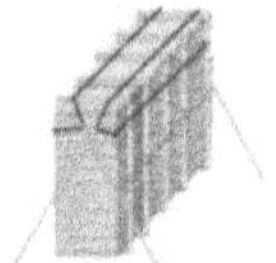

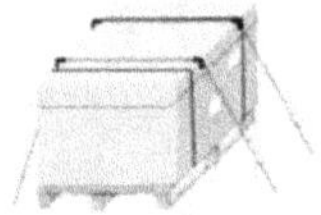

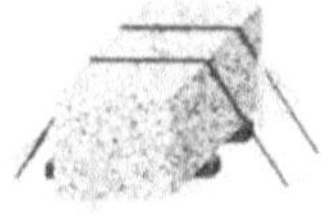

Capítulo 4
Las responsabilidades sobre la carga según la normativa

Las leyes

Constituyen la parte visible y se corresponden con la normativa legal publicada.

Los usos y costumbres

«La costumbre hace ley» y muchos usos se han incorporado al ordenamiento jurídico dentro de la normativa vigente, pero en menor rango que la norma escrita.

La jurisprudencia

A partir de decisiones judiciales se encuentran diversos posicionamientos respecto a la responsabilidad sobre la estiba, a veces contrapuestos.

Pactos contractuales

La voluntad de las partes es esencial a la hora de regular responsabilidades, que a veces quedan ambiguas en la normativa.

68 | ¿Quién es responsable de la estiba según la normativa general?

Según se indica en la Guía europea de mejores prácticas sobre sujeción de cargas para el transporte de carreteras, todas las partes o agentes implicadas en el proceso logístico desempeñan un cometido a la hora de velar porque la carga vaya adecuadamente cargada en un vehículo apropiado.

Por tanto, la responsabilidad de las labores de estiba no es labor únicamente de la empresa transportista o de la persona que conduce el vehículo, sino que afecta a toda la cadena de transporte.

El RD 563/2017 no modifica el régimen de responsabilidad de la estiba, remitiendo a la Ley 15/2009 del contrato de transporte terrestre de mercancías, pero sí establece una serie de normas técnicas UNE EN con un responsable legal determinado (sin mediar pacto entre las partes).

69 | ¿Qué responsabilidades se derivan de las normas técnicas indicadas en el RD 563/2017?

El RD 563/2017 incorpora una serie de normas técnicas que podrán aplicarse y de cada una de ellas se derivan unas responsabilidades. La empresa cargadora, la transportista o la fabricante serán las que tienen que asumir las responsabilidades según la norma técnica correspondiente.

70 | ¿Quién es responsable de aplicar la norma EN 12195-1?

Esta norma de obligado cumplimiento establece cómo calcular el número de dispositivos de sujeción necesarios para inmovilizar una carga durante su transporte.

La empresa cargadora es la responsable de la estiba y el cálculo del trincaje, salvo pacto con la transportista. Aun en ese caso, será en parte responsable de una labor de vigilancia, de ahí que debe realizar un chequeo de las obligaciones en cada operación y un seguimiento mediante fichas de estiba.

71 | ¿Quién es responsable de aplicar las normas EN 12195-2, 3 y 4?

Las normas EN 12195-2, EN 12195-3 y EN 12195-4 afectan directamente a la empresa fabricante o suministradora del equipo de sujeción. Como este equipo lo adquiere la cargadora o la porteadora, la responsabilidad de estas se limitará a comprar un material certificado de acuerdo a la norma y a verificar periódicamente su buen estado de conservación y que su etiqueta o chapa sea legible.

72 | ¿Quién es responsable de aplicar las normas relativas a la carrocería, el contenedor o la caja móvil?

Se trata de normas voluntarias cuya aplicación afecta a la empresa porteadora sobre la obligación de mantenimiento del vehículo, el contenedor o la caja móvil y de facilitar cualquier información de tipo técnico que precise la cargadora para realizar los cálculos de estiba y sujeción.

Ítem	Norma aplicable
Puntos de anclaje	EN 12640
Lonas	EN 12641
Resistencia de la estructura	EN 12642-L y EN 12642-XL
Contenedores	ISO 1496
Cajas móviles	EN 283
Postes	EUMOS 40511

Estas normas están directamente relacionadas con la obligación establecida por la Ley 15/2009, del contrato de transporte terrestre de mercancías (art. 17, Idoneidad del vehículo): «El porteador deberá utilizar un vehículo que sea adecuado para el tipo y circunstancias del transporte que deba realizar, de acuerdo con la información que le suministre el cargador».

Así, la empresa porteadora será la responsable de mantener en correcto estado los puntos de amarre, carrocería, lonas, postes, etc. En este sentido deberá cumplir cuatro normas fundamentales:

- **EN12642:** si utiliza las paredes del vehículo y su estructura para sujetar la carga.
- **EN12640:** deberá verificar el estado de los puntos de amarre, así como su eficacia y resistencia.
- **ISO 1496:** en caso de utilizar contenedores.
- **EN 283:** en caso de utilizar cajas móviles.

73 | ¿Quién es responsable de aplicar la norma EUMOS 40509?

EUMOS 40509

Este test permite determinar que una carga está correctamente acondicionada para el transporte. Teniendo en cuenta que el embalaje es responsabilidad del cargador (Ley 15/2009, art. 21), no cabría imputar responsabilidad al porteador por deficiencias en el mismo:

«Salvo que se haya pactado otra cosa, el cargador deberá acondicionar las mercancías para su transporte. Los bultos que componen cada envío deberán estar claramente identificados y señalizados mediante los correspondientes signos, coincidiendo con la descripción de los mismos contenida en la carta de porte […]. El cargador responderá ante el porteador de los daños a personas, al material de transporte o a otras mercancías, así como de los gastos ocasionados por defectos en el embalaje de las mercancías, a menos que tales defectos sean manifiestos o ya conocidos por el porteador en el momento de hacerse cargo de las mercancías y no haya hecho las oportunas reservas».

Régimen de responsabilidades en la estiba (RD 563/2017)		
Norma	**Comentario**	**Responsabilidad**
EN 12195-1	Para aplicarla en la operativa diaria, la empresa transportista debe utilizar tablas rápidas, aplicaciones para dispositivos móviles *(app)* o procedimientos de trabajo preestablecidos (fichas de estiba, por ejemplo)	La empresa cargadora es responsable de la estiba y el trincaje, salvo pacto con la porteadora. Quien realice el trincaje debe calcular los elementos de sujeción. La cargadora es en parte responsable y debe ejercer vigilancia mediante fichas de estiba, aunque pacte el trincaje
EN 12195-2 EN 12195-3 EN 12195-4	Estas normas afectan a la empresa fabricante del equipo de sujeción. La cargadora o la porteadora se limitan a comprar un material certificado de acuerdo con la norma y a verificar periódicamente su buen estado de uso	El propietario de los útiles debe velar por su buen estado. Será considerado infracción el que las cintas no dispongan de etiqueta o que los útiles no estén en un estado adecuado
EN 12640 EN 12641 EN 12642 EUMOS 40511 ISO 1161 ISO 1496-1 ISO 1496-2 ISO 1496-3 ISO 1496-4 ISO 1496-5 EN 283	Estas normas afectan a la empresa fabricante del vehículo, el contenedor o la caja móvil	Normas cuya responsabilidad de aplicación afecta a la empresa porteadora: mantener en correcto estado los puntos de amarre, carrocería, lonas, postes, etc. (obligación de mantenimiento del vehículo) y de informar a la cargadora sobre la resistencia de los mismos a efectos del cálculo de estiba y sujeción (obligación de información relativa a la seguridad) o bien de tenerlo en cuenta si quien va a realizar dicha estiba y sujeción es la propia empresa porteadora
Régimen de responsabilidades respecto el embalaje de la carga		
EUMOS 40509	Este test permite determinar que una carga está correctamente acondicionada para el transporte. Teniendo en cuenta que el embalaje es responsabilidad del cargador, no cabría imputar responsabilidad al porteador por deficiencias en el mismo	El embalaje es responsabilidad del expedidor. Esta norma proporciona un método de ensayo para medir la rigidez de una unidad de carga y asegurar que el embalaje está correctamente diseñado

74 | ¿Quién es responsable de la estiba de las mercancías, el expedidor o el transportista?

El principio general es que el cargador debe proceder a realizar la carga y estiba, y el destinatario a descargar las mercancías y, si no se hace así, deberán pactarse las condiciones y el precio que el transportista debe cobrar por realizar estas tareas complementarias.

La Ley 15/2009, que regula el contrato de transporte terrestre de mercancías, establece en su artículo 20.1 que es el cargador contractual, entendido este como quien contrata el transporte en nombre propio, el responsable de la carga y de la estiba (incluido el trincaje). Pero si existe un pacto expreso, por escrito, y antes de la presentación del vehículo, con el porteador, entonces el responsable sería este:

Sujetos obligados a realizar la carga y descarga

1. Las operaciones de carga de las mercancías a bordo de los vehículos, así como las de descarga de estos, serán por cuenta, respectivamente, del cargador y del destinatario, salvo que expresamente se asuman estas operaciones por el porteador antes de la efectiva presentación del vehículo para su carga o descarga. Igual régimen será de aplicación respecto de la estiba y desestiba de las mercancías.

2. El cargador y el destinatario soportarán las consecuencias de los daños derivados de las operaciones que les corresponda realizar de conformidad con lo señalado en el apartado anterior. Sin embargo, el porteador responderá de los daños sufridos por las mercancías debidos a una estiba inadecuada cuando tal operación se haya llevado a cabo por el cargador siguiendo las instrucciones del porteador.

Adicionalmente, la Instrucción 18/TV-103 de la Dirección General de Tráfico (DGT) añade que se debe acreditar la existencia de ese pacto expreso entre cargador y transportista. Es decir, que si el cargador no tiene ese pacto aceptado por porteador, aunque el transportista lo acepte tácitamente, el autor de la infracción podrá ser el cargador.

Con todo, las empresas en cuyas instalaciones se realicen las labores de estiba y trincaje de las cargas, tienen el deber de vigilancia y diligencia, realizando la Coordinación de Actividades Empresariales (CAE) pertinente como actividad propia, y el porteador de cumplir las disposiciones del RD 563/2017, su anexo III y art. 14 del Reglamento General de Circulación, en caso de pacto de estiba y trincaje con él.

Por su parte, según la Ley sobre tráfico, circulación de vehículos a motor y seguridad vial (art. 82), la sanción se impondrá al autor de los hechos. La sanción, en principio, se dirigirá al conductor, pero los inspectores anotarán en el boletín criterios de responsabilidad, basándose en las normas y/o fichas. La inspección con fichas de estiba HDZ será mucho más sencilla y liviana.

Recomendación

En las órdenes de carga *tenders,* las fichas de estiba HDZ o los contratos de transporte se debe indicar claramente quién es responsable de la estiba y el trincaje de la mercancía, y si existe un pacto expreso entre la empresa cargadora y la transportista.

75 | ¿Quién es el responsable de la estiba de cargas en la regla Incoterms EXW?

Utilizando la regla Incoterms EXW, la empresa expedidora no es responsable de la operación de carga del vehículo de transporte, aunque en la práctica, muy erróneamente, se realiza. En este caso, el cargador contractual no es el expedidor, por lo que será el cliente quien deberá pactar con la empresa transportista la carga, la estiba y el trincaje. Es recomendable que el expedidor asegure esta circunstancia en sus acuerdos de compraventa.

76 | ¿Qué obligaciones tiene el expedidor en materia de estiba?

La *Guía europea de mejores prácticas sobre sujeción de cargas para el transporte de carreteras,* es clara al respecto:

1. Descripción correcta de la carga, que comprenda al menos: a) la masa de la carga y cada unidad de carga; b) la posición del centro de gravedad de cada unidad de carga en caso de que no esté en el centro; c) las dimensiones del embalaje de cada unidad de carga; d) las limitaciones del apilamiento y la orientación que hay que aplicar durante el transporte, y e) toda la información adicional necesaria para una sujeción adecuada.

2. Garantizar que las unidades de carga están correctamente embaladas para soportar las tensiones previstas en condiciones de transporte normales, incluidas las fuerzas de amarre que hay que aplicar.

3. Garantizar que las mercancías peligrosas están clasificadas, embaladas y etiquetadas correctamente.

4. Garantizar que los documentos relativos al transporte de mercancías peligrosas están cumplimentados y firmados.

5. Garantizar que el vehículo y el equipo de sujeción son idóneos para la carga que se va a transportar.

6. Garantizar que toda la información relacionada con la capacidad de sujeción del vehículo se comunica a la persona encargada de realizar la carga.

7. Garantizar que no se produzca ninguna interacción no deseada entre la carga de las diferentes personas encargadas de llevar a cabo el trabajo.

Adicionalmente a estas indicaciones prácticas, es necesario para el expedidor:

8. El cumplimiento del deber de vigilancia, in vigilando, de las operaciones de estiba en sus instalaciones, a tenor de los artículos 1.902 y 1.903 del Código Civil.

9. Deber de cooperación, información y vigilancia de actividades empresariales tras la modificación del RD 171/2004, relativo a la Coordinación de Actividades Empresariales (CAE).

10. Elaborar un plan de seguridad y una lista de chequeo sobre el cumplimiento y rechazo de vehículos, según el grado de incumplimiento.

11. Permitir al transportista estar presente en el momento de la carga.

77 | ¿Qué obligaciones tiene el cargador efectivo?

1. Asegurarse de que solo se carga la mercancía que sea segura y apta para el transporte.

2. Comprobar si el plan de sujeción de la carga está disponible al empezar a realizar la carga.

3. Garantizar que se pueden proporcionar todos los certificados de las partes del vehículo que se utilizan para sujetar la carga.

4. Asegurarse de que el vehículo está en buen estado y que el espacio reservado para la carga está limpio. Comprobar la lista de chequeo de seguridad del expedidor.

5. Garantizar que todo el equipo necesario para la sujeción de la carga se encuentra disponible y en buen estado en el momento de iniciar la carga.

6. Asegurarse de que el suelo del vehículo no soporta una presión excesiva durante las operaciones de carga.

7. Garantizar que la carga está correctamente distribuida en el vehículo, teniendo en cuenta la distribución sobre los ejes del vehículo y los huecos que pueden considerarse aceptables (según el plan de sujeción, si este existe).

8. Asegurarse de que el vehículo no está sobrecargado.

9. Garantizar la correcta utilización del equipo adicional necesario, como esterillas antideslizantes, rellenos y materiales de estiba, barras de bloqueo y todos los demás elementos de sujeción que deben fijarse durante la carga (según el plan de sujeción, si este existe).

10. Asegurarse de que el vehículo está precintado correctamente, si procede.

11. Comprobar que todos los elementos de amarre se han aplicado correctamente (según el plan de sujeción, si este existe).

12. Comprobar el cierre del vehículo, si procede.

78 | ¿Qué responsabilidad tiene el transportista?

1. Inspección visual de la parte exterior del vehículo y de la carga, si esta es accesible, para comprobar si hay indicios evidentes de falta de seguridad.

2. Garantizar que se pueden proporcionar todos los certificados y marcas de las partes del vehículo que se utilizan para sujetar la carga, si fuera necesario.

3. Comprobaciones periódicas de la sujeción de la carga durante el trayecto siempre que se pueda acceder a ella. La norma EN 12195-1, así lo indica, particularmente con cargas inestables o no rígidas (por ejemplo, sacos de gran capacidad o *big bags).*

4. Realizar la carga, estiba y trincaje en caso de pacto expreso y previo a la presentación del vehículo.

Las responsabilidades para el cargador contractual en función de a quién se lo contrata		
Transporte contratado por	**Tipo de contratación**	**Obligaciones**
Empresa X (cargador contractual)	Conductores propios	– Formación del personal interno relacionado con las operaciones de transporte. – Comunicación interna a los conductores. – Adaptación de los vehículos a la nueva normativa. – Especial cuidado en los procesos de prevención de riesgos laborales, deben incorporar las tareas de estiba y amarre. – Vigilancia de la estiba y amarre en las instalaciones. – Deber de cumplir las disposiciones y normativa, no permitiendo y/o sancionando cuando una carga salga en condiciones distintas a las establecidas en la ficha de estiba. – Deber de vigilancia. Los directores de establecimientos responden de actos de sus empleados, salvo que aquellos muestren diligencia. Se debe establecer un proceso claro sobre cómo hacer la estiba de las cargas y órdenes concretas a los trabajadores, de lo contrario, el cargador contractual se verá obligado a responder (desde Dirección y mandos intermedios) del trabajo mal realizado por los subordinados
	Empresas de transporte externas	– La empresa X deberá pactar la carga y/o estiba, trincaje con la empresa transportista, en un documento escrito y previo a la presentación del vehículo. – Si la empresa quiere mitigar, al máximo, su posible responsabilidad, su personal *no dictará instrucciones* cuando se realicen las actividades de carga/descarga y estiba/desestiba. – Realizar CAE como actividad propia: cooperación, información y vigilancia. – Utilizar la ficha en el procedimiento de control para vigilancia de labores de estiba y trincaje. – Incluir en el contrato una cláusula en virtud de la cual la parte contraria se comprometa a aceptar la información relativa a la prevención de los riesgos laborales que se le suministre y a cumplir las normas de actuación establecidas para las operaciones de carga/descarga y estiba/desestiba.

Las responsabilidades si contrata el cliente el transporte			
Transporte contratado por	**Tipo de contratación**	**Obligaciones**	**Cómo afecta esto a la empresa X**
El cliente	Conductores propios	– Formación del personal interno relacionado con las operaciones de carga, estiba y trincaje. – Comunicación interna a los conductores. – Adaptación de los vehículos a la nueva normativa. – Especial cuidado en los procesos de PRL, deben incorporar las tareas de estiba y amarre. – Deber de cumplir las obligaciones contractuales con la empresa X y normativa, no permitiendo y/o sancionando cuando los conductores incumplan las condiciones establecidas en la ficha/contrato. – Deber de vigilancia. Dueños o directores de un establecimiento o empresa respecto de los perjuicios causados por sus dependientes en el servicio de los ramos en que los tuvieran empleados, o con ocasión de sus funciones, salvo que aquellos muestren diligencia. Se debe establecer un proceso claro sobre cómo hacer la estiba de las cargas y órdenes concretas a los trabajadores, de lo contrario, el transportista se verá obligado a responder (desde Dirección y mandos intermedios) del trabajo mal realizado por los subordinados.	– El obligado a la estiba y trincaje es el cargador contractual, es decir, quien contrata el transporte en nombre propio. En este caso la empresa X es simplemente expedidor, no recae sobre él esta obligación. – El cliente deberá fijar el pacto de la estiba y trincaje en un documento escrito, pero la empresa X no es responsable de ello ni de las sanciones de estiba en carretera. – La empresa X, como expedidora y dueña de las instalaciones, cumplirá su deber de vigilancia y diligencia. Necesidad de procedimentar el sistema de rechazo y verificación de seguridad de camiones. Hay que recordar siempre el art. 1.903 del Código Civil, en el que se dice que «los dueños y directores de establecimientos responden por actos de sus empleados, salvo que demuestren diligencia a la hora de evitar el daño». – El cargador contractual responde de las instrucciones que dé el transportista; es muy peligroso el proceso de carga actual donde se dan instrucciones concretas, es mejor remitirse a la ficha de estiba. Esto se establece en el art. 1.902 del Código Civil, donde se indica que respondemos de los actos y omisiones que realicemos. – Se podrá exigir formación de los conductores e informar sobre Plan de Seguridad, ya que en este caso, el transporte lo controla el cliente. – Se aconseja exigir al cliente que aporte el acuerdo de estiba y trincaje con el transportista, ya que, en caso de olvidarse de hacerlo, la estiba no podrá hacerse por el transportista, quedando a expensas del expedidor, quien en un EXW no debe hacerla.
	Empresas de transporte externas	– La empresa cliente deberá pactar la carga y/o estiba, trincaje con la empresa transportista, en un documento escrito y previo a la presentación del vehículo. – Si la empresa X, quiere mitigar, al máximo, su posible responsabilidad, su personal no dictará instrucciones cuando se realicen las actividades de carga/descarga y estiba/desestiba. – La empresa x debe realizar CAE al concurrir empresas en su centro de trabajo como empresario titular. – Utilizar la ficha en el procedimiento de control para vigilancia de labores de estiba y trincaje, en virtud de deber in vigilando del Código Civil. – Incluir en el contrato una cláusula en virtud de la cual la parte contraria se comprometa a aceptar la información relativa a la prevención de los riesgos laborales que se le suministre y a cumplir las normas de actuación establecidas para las operaciones de carga/descarga y estiba/desestiba.	

Responsabilidades generales de las partes sobre el transporte de la mercancía			
Motivo	**Cargador/ expedidor**	**Porteador**	**Receptor**
Mal estado o vicio de la mercancía, o insuficiencia del embalaje	x		
Mala conducción o causas atribuibles al vehículo		x	
Trincaje deficiente realizado por el porteador		x	
Mala distribución del peso realizada por el cargador, siguiendo instrucciones del porteador		x	
Mala estiba o trincaje realizados por el cargador/expedidor	x		
Manejo deficiente en la descarga por parte del receptor			x
Mal estado del vehículo o contenedor		x	
Removidos posteriores de la mercancía para insertar mercancía de grupaje		x	
Causa desconocida, sin haber firmado reservas el porteador a la recepción de la mercancía		x	
Causa desconocida, habiendo firmado reservas el porteador a la recepción	x		
Daños ocultos descubiertos pasados siete días tras la descarga (con límite de plazo de reclamación por Convenio de Viena o contrato)	x		

79 | ¿Qué son las reservas en la estiba de las cargas?

Las reservas consisten en anotar en la carta de porte nacional o internacional (CMR) todas las discrepancias que pueda tener la empresa cargadora con el modo en que la transportista realiza la estiba, el trincaje o cualquier otro aspecto que aquella estime oportuno.

Las reservas siempre suponen una ayuda para demostrar la existencia de una disconformidad, muy útil en casos de accidente y reclamaciones posteriores.

Es recomendable que las personas responsables de la expedición de mercancías reciban una formación sobre cómo anotar dichas reservas de forma obligatoria ante cualquier incidencia. Asimismo debe haber algún tipo de información escrita y gráfica permanente en las áreas de expedición.

Reservas que deben anotar los transportistas			
Ítem	**Punto sobre el que se realizan las reservas**	**Sí**	**¿ Qué debe anotar?**
	Reconocimiento externo de los bultos		• Discrepancias con el número de bultos • Discrepancias con las señales de los bultos • Inexactitud entre las mercancías y lo que dice en la carta de porte • Mal estado del embalaje • Bultos mojados, humedos, con desperfectos
	Comprobación del número de bultos		Si no tiene medios para comprobar el número de bultos lo anotará igualmente
	Presencia durante la carga		«No presente en el momento de carga», cuando el expedidor no se lo permita
	Realización de trincaje por parte del transportista si se pacta		«Trincaje o estiba realizada según instrucciónes del cargador», en caso de que así suceda
	Discrepancias en el acondicionamiento o documentación		Si considera que la reserva no es suficiente, el porteador podrá rechazar los bultos mal acondicionados o identificados, que no vayan acompañados de la documentación necesaria o cuya naturaleza o características no coincidan con las declaradas por el cargador, debiendo comunicar inmediatamente al cargador este rechazo
	Sospechas sobre la falsedad en peso y/o medidas de la carga		El porteador podrá verificar el peso y las medidas de las mercancías. Si la declaración del cargador resulta cierta, los gastos derivados de estas actuaciones serán por cuenta del porteador y, en caso contrario, del cargador
	Homologación y buen estado de los útiles		El porteador verificará el estado de los útiles que aporte el cargador, así como la técnica empleada si el cargador hace el trincaje, y anotará disconformidades leves y graves con los útiles, pudiendo rechazar situaciones peligrosas como cintas con nudo, cortes, con LC no compatible con puntos de amarre y negarse a cargar si las mercancías no van sujetas.
El porteador podrá supeditar la admisión de los bultos a la aceptación de las reservas que se proponga formular en la carta de porte, dejando constancia de los defectos apreciados.			

Reservas que deben anotar los cargadores			
Ítem	**Punto sobre el que se realizan las reservas**	**Sí**	**¿ Qué debe anotar?**
	Distribución de peso		Si el transportista indica cómo distribuir el peso, el cargador anotará: «Peso distribuido acorde a instrucciones del porteador»
	Salida de camiones acorde a normativa de seguridad		Discrepancias leves con el estado del vehículo, útiles, técnica de estiba empleada, etc., si éstas no fueran peligrosas
	El cargador/expedidor no deberá permitir la salida de camiones que no cumplan el proceso de control mediante ficha de estiba.		Deberá existir un procedimiento de control y rechazo de camiones por el cual: o bien no se cargue o se indique mediante reserva (en deficiencias leves, por ejemplo).
	Realización de trincaje por parte del transportista si se pacta		Si realiza la estiba el cargador señalará: «Estiba y/o trincaje realizada según instrucciónes del porteador»
	Dudas sobre el peso y/o medidas de la carga		El cargador podrá exigir la realización de todas o alguna de las comprobaciones de peso, etc. y el porteador accederá a ello con tal que el peticinado asuma expresamente el pago de los gastos a que den lugar. En todo caso, señala el apartado tercero que «este tipo de comprobaciones se llevará a cabo por el porteador en presencia del cargador o sus auxiliares» y «no siendo ello posible, el reconocimiento y registro de los bultos se hará ante notario o con asistencia del presidente de la junta arbitral del transporte competente o persona por él designada», de cuyo resultado «se hará constar en la carta de porte o mediante acta levantada al efecto»
El porteador podrá inmovilizar el vehículo en caso de discrepancia o detección de incidencia grave acorde a RD 563/2017 hasta que se subsane o se descargue			

80 | ¿Dónde se anotan las reservas en el modelo de carta de porte CMR de 1976?

A continuación se desarrollan algunos criterios sobre posibles anotaciones de reservas a realizar y su casilla correspondiente en la carta de porte, según el modelo de la IRU 1976 (véase el anexo I).

- **Casilla 5. Documentos adjuntos (art. 6.2, g)**

  Documentos entregados al transportista, asumiendo la responsabilidad de su custodia: factura, lista de contenido, certificados de origen y documentos aduaneros, fitosanitarios, ficha de estiba, pacto de estiba y trincaje, acuerdos, etc.

- **Casillas 6 a 9. Marcas y números, número de bultos, modo de embalaje y naturaleza de la mercancía (art. 6.1, f y art. 6.1, g)**

  El remitente debe identificar la mercancía mediante el número de bultos y el modo de embalaje, y una descripción suficiente e identificativa de la mercancía.

  ### Recomendación

  Es importante que el transportista compruebe, antes de firmar, que la descripción coincide con el envío que se carga en el vehículo, y que realice también la comprobación del embalaje, según dispone el artículo 24 y siguientes de la Ley 15/2009:

  Método: El porteador debe comprobar el estado aparente de la mercancía y el de su embalaje, así como la exactitud de las menciones de la carta de porte relativas al número y señales de los bultos. En el caso de que observe defectos, lo anotará como reserva de forma motivada.

  Si no dispone de medios para verificar el número y señales (por ejemplo, una caja que transporte microchips), lo hará constar explicando el motivo.

- **Casilla 13. Instrucciones del remitente (art. 6.1, j y art. 6.2, a, e y f)**

  Se suele incluir todo tipo de instrucciones, y es recomendable que se indique la obligación de cumplir lo que especifique la ficha de estiba.

- **Casilla 18. Reservas y observaciones del porteador**
  El transportista puede indicar aquí cualquier reserva sobre las mercancías o las condiciones del contrato.

- **Casilla 19. Estipulaciones particulares (art. 6.2, a y d)**
  Se suele incluir reservas del cargador.

81 | ¿El porteador puede rechazar mercancía?

La empresa porteadora puede rechazar mercancía cuando:

- Esté mal embalada o acondicionada para el transporte, o con una identificación deficiente.
- No vaya acompañada de la documentación necesaria, o cuya naturaleza o características no coincidan con las declaradas por el cargador.

Ante ello, tiene dos opciones: rechazarla o supeditar la aceptación a la realización de reservas y que estas sean aceptadas en carta de porte. Las reservas en origen son cruciales para determinar la existencia de una disconformidad del transportista.

Hay que recordar que el porteador está obligado a guardar y conservar las mercancías objeto de transporte desde que las recibe en origen hasta que las entrega en destino. Por ello, si no establece reservas, se entenderá que la mercancía se acepta en buen estado y deberá demostrar que no sufrió dichos daños durante el transporte.

Además, hay que tener en cuenta que el embalaje deficiente para el transporte es causa de sanción en carretera.

Por este motivo, deberá hacerse constar una reserva de la empresa transportista si la expedidora entrega una mercancía con un embalaje inadecuado que imposibilite su trincaje la primera. Con la peculiaridad de que, aun siendo el embalaje responsabilidad de la expedidora, si la transportista así lo acepta y no amarra la mercancía por la escasa rigidez del embalaje, podría ser responsable de los incidentes que puedan derivarse, incluida la responsabilidad de la sanción por mala estiba si hay pacto expreso acreditable de estiba.

82 | ¿Dónde se anotan las reservas en el modelo de carta de porte CMR de 2007?

Si se utiliza el modelo de carta de porte de la IRU de 2007, la configuración de las casillas relativas a reservas e información útil son las siguientes:

- **Casilla 8. Reservas del transportista**

  Se especifica que se trata de las reservas puestas «en el momento de la toma en carga de la mercancía» (como prevé el art. 8.º del Convenio CMR), no sirviendo reseñas como «pendiente de revisión» y cuños con leyendas similares.

- **Casilla 9. Documentos adjuntos**

  Se añade que se trata únicamente de documentos «entregados por el remitente al transportista» (en lugar de la anterior mención «anexos»), con lo que se aclara la función de esta casilla a la vez que se subraya que únicamente el remitente o cargador puede entregar documentos que vinculen al transportista, por ejemplo: la ficha de estiba o acuerdos sobre pactos de trincaje.

- **Casilla 11. Indicaciones útiles**

  Cumplimiento de la ficha de estiba.

En el anexo II de este manual se puede consultar el modelo de carta de porte de la IRU 2007. Disponible también en este enlace QR.

83 | ¿Qué es la Instrucción 18TV/103 de la DGT?

La Dirección General de Transporte (DGT) publicó en 2018 su instrucción 18/TV-103, relativa al régimen de responsabilidad en la sujeción de la carga en el transporte público de mercancías, remitiéndose a la normativa de transporte por carretera.

Cabe subrayar algunos aspectos que afectan a la empresa cargadora:

- Si no acredita en carretera, en el momento de una inspección o posteriormente, el pacto expreso con el transportista (y aceptado) de que el trincaje y amarre lo realiza la empresa porteadora, la cargadora se presume responsable del amarre y podrá ser sancionada.
- La cargadora será responsable de la sanción por mala estiba (amarre inadecuado, útiles insuficientes o dañados, etc.), a no ser que demuestre dicho pacto escrito.
- Si no se pacta y acepta que el trincaje lo asume la transportista, los útiles (cintas de amarre, antideslizante, cantoneras), la técnica y los cálculos deberán ser aportados y realizados por la cargadora.

No obstante, dicha normativa no aclara la situación que se da en la utilización de la regla **Incoterms EXW,** en la que el cargador es una figura distinta al expedidor, lo cual debe especificarse en la ficha de estiba.

Más información sobre la Instrucción 18/TV en este enlace QR.

84 | ¿Por qué utilizar fichas de estiba?

Es esencial definir por escrito a quién corresponde la responsabilidad de la carga y estiba, especialmente cuando no corresponde a la empresa cargadora porque se han pactado estas operaciones con la transportista. Por ello, es recomendable utilizar fichas de estiba en las que se definan:

- Obligaciones de ambas partes.
- Instrucciones a la empresa transportista sobre el tipo de vehículo a utilizar, útiles, número de cintas de amarre o técnicas recomendadas a emplear, en caso de que se hayan pactado.
- Responsabilidad de la empresa cargadora o de la transportista según la regla Incoterms pactada, puesto que en la normativa tanto la porteadora como la receptora están excluidas, salvo cuando se emplea la regla Incoterms EXW.

De no reflejar por escrito estos pactos, no se podría demostrar a quién corresponden las labores de estiba, y la empresa cargadora podría ser sancionada junto con la transportista en caso de daños o accidente.

La ficha es un pilar básico para la CAE (coordinación de actividades empresariales), la vigilancia y la verificación de diligencia.

85 | ¿Qué documentos y acciones son útiles a nivel legal y mercantil?

La empresa cargadora no puede imponer la responsabilidad de la estiba y el trincaje a la transportista, ya que legalmente le corresponden a ella estas labores. Para contratar estas operaciones, deberán pactarse expresamente y antes de la efectiva presentación del vehículo, mediante esta documentación y actuaciones:

- **Documentos legales**
  - Comunicación a la empresa transportista.
  - Contrato de transporte incluyendo cláusulas de estiba.
  - Anexo al contrato de transporte, pudiendo incluir fichas de estiba como contenidos mínimos.

- **Medidas urgentes**
  - Fichas de estiba, que acreditan todos los pactos necesarios en el transporte por carretera o su utilización dentro de procesos de control de la CAE.
  - Formación al personal para efectuar la verificación de seguridad y, auditorías de carga periódicas.

- **Formación del personal** de la empresa transportista, dejando constancia de la misma. Este hecho podrá ser obligatorio con la renovación del RD 1032/2007 de capacitación profesional (CAP).

- **Actualización de la documentación contractual** de modo que refleje quién debe realizar el trincaje, aportar los útiles de estiba, etc.:

  - Fichas de estiba.
  - Términos y condiciones de venta.

- Carta de porte o documento de control administrativo (la carta de porte no es válida como forma de acreditar el pacto en carretera, pero si es útil para que quede constancia).
- Velar y visar la salida de camiones.
- Coordinación de las actividades empresariales.

Más información en los anexos de este manual: modelos de comunicación, anexo al contrato y contrato completo.

86 | ¿A quién se dirige una denuncia en carretera?

Teniendo en cuenta la Instrucción 18/TV-103 de la DGT, se solicitará a la persona que conduzca el vehículo el documento de control administrativo o también ficha de estiba HDZ. Este documento es obligatorio y en él puede reflejarse el acuerdo sobre la estiba de la carga. No es el más adecuado, ya que se realiza después de la presentación efectiva del vehículo, pero es útil a falta de la ficha de estiba.

La solución ideal es emplear la ficha de estiba, con ventajas para cargadores, expedidores y transportistas.

Las actuaciones están en función de si hay algún acuerdo o no entre la empresa cargadora y la transportista

- **Si existe pacto:** la denuncia, en base al Reglamento General de Circulación (art. 14), irá impuesta al transportista.

- **Si no existe pacto:** la sanción de dirige al conductor, según noticias de DGT, pero el inspector hará anotaciones en el boletín de denuncia, sobre quien es el responsable de la estiba si no hay pacto o según ficha de estiba.

87 | Si un vehículo tiene uno de los puntos de amarre en mal estado. ¿A quién se dirige la sanción?

La Instrucción 18/TV-103 apunta que, en ausencia de pacto, deberá dirigirse al cargador, a pesar de no ser este, en la mayoría de ocasiones, titular del vehículo.

No obstante, dado que la estructura del vehículo nada tiene que ver con la norma EN 12195-1 (Cálculos de fuerzas de sujeción), la sanción debería imponerse al autor de los hechos infractores, es decir, al titular de la autorización administrativa.

88 | ¿Se debe aceptar una carta de porte como documento válido para saber si existe pacto expreso?

La carta de porte no es válida porque el pacto se establece después de la efectiva presentación del vehículo. En muchas ocasiones, es un hecho impuesto como obligación, sin que el porteador tenga opción a decidir.

La solución idónea es utilizar una ficha de estiba, firmada y aceptada con anterioridad, que actúa como pacto expreso entre las partes e instrucción de estiba por parte del expedidor, o como orden de carga por parte del transportista.

89 | ¿Qué ocurre en caso de que el conductor no facilite copia del pacto de estiba, pero afirme que el trincaje lo ha hecho él?

En una inspección técnica en carretera, los agentes levantarán acta de manifestación voluntaria y sancionarán al autor, en ese caso, al transportista.

90 | ¿Qué pasos se dan ante un vehículo cuya carga es motivo de sanción peligrosa?

Se procede a la inmovilización del vehículo hasta que no se subsane la deficiencia peligrosa. Sin embargo, en deficiencias indicadas por el RD 563/2017 como graves, no se podrá inmovilizar el vehículo, con el consecuente peligro que supone, debido a no disponer de herramientas legales para hacerlo. En todo caso, puede citársele para realizar una revisión ITV en el plazo de 15 días.

Las deficiencias que clasifica el RD 563/2017 (véase el capítulo 6 sobre inspecciones del presente manual) no se identifican con sanciones leves, graves y muy graves de la Ley de Seguridad Vial. En consecuencia se sanciona de la misma manera y mismo importe una deficiencia leve del RD (llevar una cinta sin etiqueta), que una grave (cintas con nudo, fuerzas de sujeción insuficientes y espacios superiores a 15 cm entre la mercancía y testero, y riesgo de atravesar la cabina. Incluso las sanciones peligrosas llevan aparejada la misma sanción económica si la carga no ha caído a la vía.

Es decir, todo ello sancionable mediante artículo 14 del Reglamento General de Circulación y artículo 76 y siguientes de la Ley de Seguridad Vial.

91 | ¿Por qué se ha tendido a asumir que es el transportista quien debe amarrar la carga?

Debido a un uso y costumbre, se ha pensado que el trincaje correspondía a la empresa transportista. Durante décadas, esta incluía los servicios de trincaje en el precio de transporte para poder competir.

Esta práctica fue aceptada como si de una norma se tratase, pero no deja de ser una costumbre, un pacto, no una obligación legal.

Adicionalmente, cierta jurisprudencia ha determinado que el trincaje (amarre al vehículo de la carga) es algo independiente a la estiba (distribución de la carga) y corresponde al transportista. Así se puede ver en la sentencia 00088/2016 de la Audiencia Provincial de Murcia, Sección 4, Rec 1039/2015. No obstante, existe un porcentaje igual o mayor de sentencias civiles que establecen que estiba y trincaje son lo mismo (por ejemplo, véase la sentencia n.º 266/2008 de la Audiencia Provincial de Valencia, Sección 7, Rec 182/2008 de 2 de mayo de 2008).

En la actualidad, las labores de trincaje, «anclar la mercancía al vehículo», se enmarcan dentro de lo denominado «estiba de cargas-distribución de la mercancía en la plataforma de carga». El artículo 20 de la Ley 15/2009 no establece distinción alguna ni menciona el trincaje como un concepto independiente y distinto, sino como parte de la estiba y correspondiendo este al cargador en primer término, salvo pacto en contrario con el transportista.

92 | ¿Quién es el responsable de verificar que las cintas están en buen estado o de sustituirlas?

La responsabilidad recae sobre el comprador de dichos útiles. En caso de pacto expreso de estiba, será el transportista quien los aporte y por lo tanto se debería sancionar a este si una inspección técnica en carretera lo determina.

No obstante, si el cargador aporta una cinta para completar la sujeción de la carga pero no realiza el trincaje, la sanción por cinta en mal estado debería imponerse al cargador, propietario de la cinta.

Este tipo de incidencias pueden quedar resueltas mediante la ficha de estiba, en la que puede expresarse de una forma muy visual quién aporta los útiles.

Asimismo, se pueden realizar reservas en la carta de porte, de modo que quede claro quién es responsable de cada útil o acto.

Capítulo 5
Herramientas de ayuda

93 | ¿Qué herramientas de cálculo de estiba existen para los transportistas?

Existen en el mercado diversos elementos gratuitos de ayuda, como la CalcuEstibadora de iSEC, una aplicación para dispositivos móviles, de descarga gratuita, muy fácil de usar, intuitiva y útil, que ayuda a calcular el número de amarres que hay que usar para la correcta estiba de la mercancía en carretera.

También existen tablas de cálculo rápido, en versión manual, y guías públicas o sectoriales, que pueden incluir dichas tablas o recomendaciones de estiba.

Por último, las fichas de estiba son una solución técnica y legal a las múltiples situaciones que se dan en la práctica.

La CalcuEstibadora desarrollada por el Instituto para la Seguridad en las Cargas (iSEC) es una de las *app* más conocidas y usadas en España para el cálculo de estiba.

  Más información sobre cómo obtener la CalcuEstibadora en el enlace QR.

Ejemplo de tabla de cálculo de estiba

Peso del bulto o conjunto (kg)	STF 300 DaN								
	α 45°			65°			90°		
	μ 0,3	0,45	0,6	0,3	0,45	0,6	0,3	0,45	0,6
1.000	5	2	1	4	2	1	3	2	1
2.000	10	4	2	8	4	2	7	3	1
3.000	14	7	3	11	5	2	10	5	2
4.000	19	9	4	15	7	3	14	6	3
5.000	24	11	5	19	9	4	17	8	3
6.000	29	13	6	23	11	5	20	10	4
7.000	34	16	7	26	12	5	24	11	5
8.000	39	18	8	30	14	6	27	13	5
9.000	43	20	9	34	16	7	31	14	6
10.000	48	22	10	38	18	8	34	16	7
11.000	53	25	11	41	19	8	37	17	7
12.000	58	27	12	45	21	9	41	19	8
13.000	63	29	13	49	23	10	44	21	9
14.000	67	31	13	53	25	11	48	22	10

94 | ¿Quién emite las guías o recomendaciones de estiba?

Existen guías y recomendaciones que comunican los contenidos de cada norma técnica de manera sencilla y eficaz, de manera que se puede consultar algún aspecto técnico específico sin entrar en la globalidad de la norma de referencia.

Se trata de documentos didácticos de los que existe una gran variedad, en parte debido a la diversidad de normas técnicas, con fórmulas, valores y coeficientes distintos, impulsados por países, sectores y organismos, como se muestra en los ejemplos siguientes:

Países

Australia Load Restraint Guide

Es una norma técnica, guía y recomendación al mismo tiempo. Es una de las normas pioneras de este campo y resulta asequible para profesionales no especializados.

North American Cargo Securement Standard

Hace las veces de norma y guía que se aplica en el área del Tratado de Libre Comercio de América del Norte (TLCAN), suscrito por Canadá, Estados Unidos y México.

Sectores

Una de las guías más destacadas de forma sectorial es *la Propuesta de recomendaciones para el transporte de bobinas por carretera,* desarrollada por un grupo de trabajo impulsado por el Departamento de Transportes de Gobierno Vasco, sobre la base del Plan Director del Transporte Sostenible el País Vasco, que cuenta con líneas de actuación para garantizar la seguridad en el transporte.

Organizaciones

IRU: Código de buenas prácticas para la estiba segura de las cargas en el transporte por carretera

Estas directrices elaboradas por la International Road Transport Union (IRU) se basan principalmente en la norma europea sobre retención de carga en vehículos de carretera (EN 12195-1:2010), aunque incluyen otras prácticas de seguridad observadas en el transporte por carretera, como la madera y el transporte de vehículos, así como otros, no cubiertos por la norma europea.

CE: Guía europea de mejores prácticas sobre sujeción de cargas para el transporte por carretera

Guía publicada por la Comisión Europea, elaborada por un grupo de expertos creado por la Dirección General de Movilidad y Transportes, designados por los estados miembros y agentes del sector industrial.

Guía europea de mejores prácticas sobre sujeción de cargas para el transporte de carreteras en este enlace QR.

95 | ¿Por qué son válidos los principios de la Guía europea de mejores prácticas?

La *Guía europea de mejores prácticas sobre sujeción de cargas para el transporte de carreteras* es una recomendación que sirve de referencia para entidades públicas, privadas, inspecciones en carretera y para conductores profesionales.

No es un acto jurídico vinculante, pero aglutina el conocimiento de numerosos expertos en la materia. Por ello, el cumplimiento de los principios y métodos que se describen debe ser conocido por las autoridades encargadas de garantizar el cumplimiento de la ley y las fuerzas y cuerpos de seguridad del Estado. Estas últimas, especialmente, deben estar formadas en los conceptos utilizados en la sujeción de la carga para verificar si el método empleado es el más idóneo.

96 | ¿Qué son las fichas de estiba HDZ?

Son fichas de estiba pioneras que han sido muy bien acogidas por responsables de las áreas de transporte de las administraciones públicas, empresas multinacionales y asociaciones profesionales. También los cuerpos de seguridad las utilizan como referencia de la estiba adecuada.

Se trata de un formato estandarizado creado por Eva María Hernández Ramos y Carlos Hernández Barrueco. Constan de un anverso que trata los útiles a emplear y una tabla con cálculos hechos sobre el número o las características de los amarres. Y de una parte legal (reverso) donde se indica quién es el responsable de aplicar cada norma técnica, de acuerdo con lo estipulado por la Dirección General de Tráfico (DGT), y que configuran los posibles pactos entre las partes ante eventuales lagunas legales, beneficiosas para cargadores y transportistas.

Es conveniente adjuntarlas a las órdenes de carga y los contratos de transporte o sus anexos. Pueden contratarse por licencia de uso de grandes bases de datos de fichas de estiba o se pueden contratar en función de cada carga específica.

En las páginas siguientes se muestras cinco ejemplos de fichas HDZ.

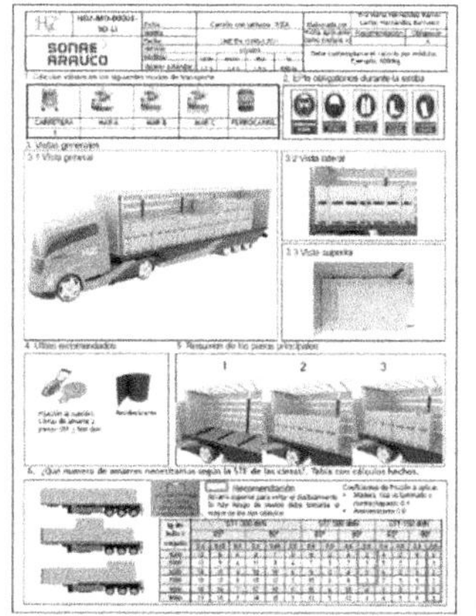

EJEMPLO DE FICHA HDZ – ANVERSO SÓLO PARA USO DIDÁCTICO. NO PERMITIDO SU USO OPERATIVO

FICHAS HDZ²	HDZ-VE-00006-GL0-AL	Ficha:	Elevador telescópico y de tijera. Posición 3			Elaborada por	Eva María Hernández Ramos Luis Carlos Hernández Barrueco	
		Norma	EN 12195-1:2010			Ficha aplicable como (señale x)	Como instrucción	Como obligación
isec Instituto Para la Seguridad en las Cargas		Fecha:	12/8/2018				X	
		Versión:	V1					
		Medidas	Largo	Ancho	Alto	kg		
		Valores estándar:	1,2 m	1 m	1,4 m	1000 kg		

1. Cálculos válidos en los siguientes modos de transporte

CARRETERA X	MAR A	MAR B	MAR C	FERROCARRIL

2. EPIs obligatorios durante la estiba

3. Vistas generales

3.1 Vista general

3.2 Vista lateral

3.3 Vista superior

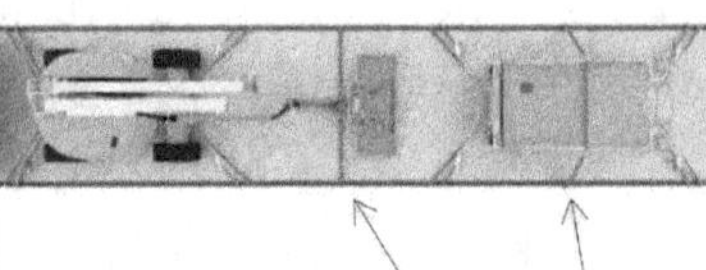

4. Útiles recomendados

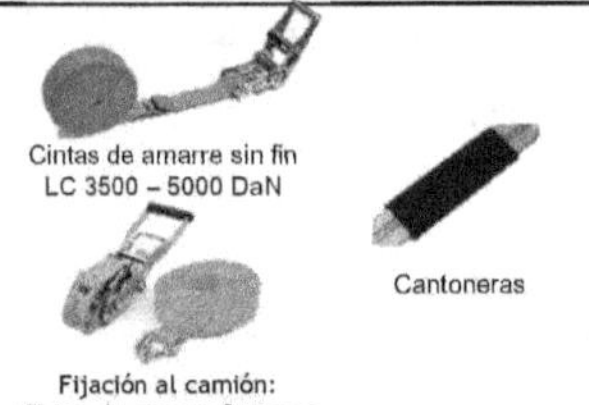

5. Resumen de los pasos principales

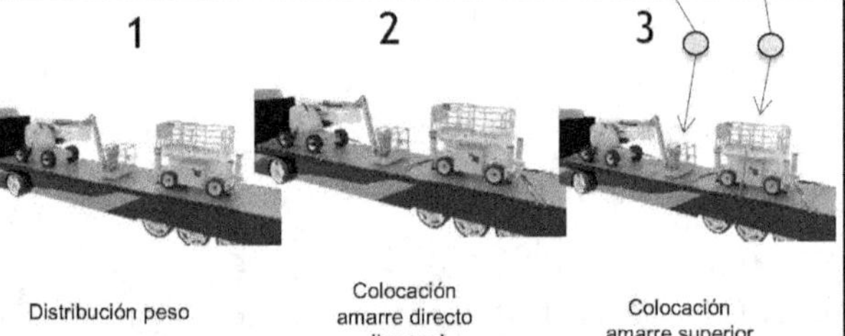

6. LC de cada uno de los 4 amarres. Tabla con ejemplos de cálculos hechos.

C. Fricción μ	Fricción ruedas vs suelo: 0,6								
Ángulo α	20°			45°			70°		
Ángulo β	20°	30°	45°	20°	30°	45°	20°	30°	45°
1000 kg	166 daN	178 daN	210 daN	175 daN	185 daN	210 daN	231 daN	239 daN	256 daN
2000 kg	332 daN	355 daN	420 daN	350 daN	369 daN	420 daN	462 daN	478 daN	517 daN
3000 kg	497 daN	533 daN	630 daN	524 daN	554 daN	630 daN	693 daN	717 daN	775 daN
4000 kg	663 daN	710 daN	840 daN	699 daN	738 daN	839 daN	923 daN	955 daN	1034 daN
5000 kg	829 daN	888 daN	1050 daN	874 daN	923 daN	1049 daN	1154 daN	1194 daN	1292 daN
6000 kg	995 daN	1065 daN	1260 daN	1049 daN	1107 daN	1259 daN	1385 daN	1433 daN	1550 daN
7000 kg	1160 daN	1243 daN	1470 daN	1224 daN	1292 daN	1469 daN	1616 daN	1672 daN	1809 daN
8000 kg	1326 daN	1420 daN	1679 daN	1399 daN	1476 daN	1679 daN	1847 daN	1911 daN	2067 daN

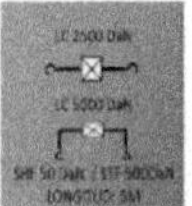

En la tabla miramos qué LC debe tener cada uno de los 4 amarres que sujeta cada vehículo según su peso.

Calculamos fricción = 0,6 al ser ruedas similar al antideslizante

Adicionalmente, colocaremos un amarre superior en la parte del brazo telescópico y otra sobre el elevador de tijera para evitar vibraciones (1 cinta STF = 500 daN).

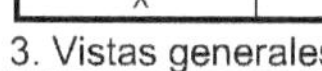 HDZ-MD-00001-SO-LI	Ficha:	Troncos de 2,5 -3 m / Postes NO homologados EUMOS 40511		Elaborada por	Eva María Hernández Ramos Carlos Hernández Barrueco	
	Norma			Ficha aplicable como (señale x)	Recomendación	Obligación
	Fecha:	UNE EN 12195-1:2011				X
	Versión	4/5/2018			Vigílese la inexistencia de huecos entre los troncos. La carga debe quedar compacta	
	Medidas	Largo / Ancho / Alto / kg				
	Valores estándar:	3 / 2,4 m / 2,2 m / 6000 kg				

1. Cálculos válidos en los siguientes modos de transporte

CARRETERA	MAR A	MAR B	MAR C	FERROCARRIL
X				

2. EPIs obligatorios durante la estiba

3. Vistas generales

3.1 Vista general

3.2 Vista lateral

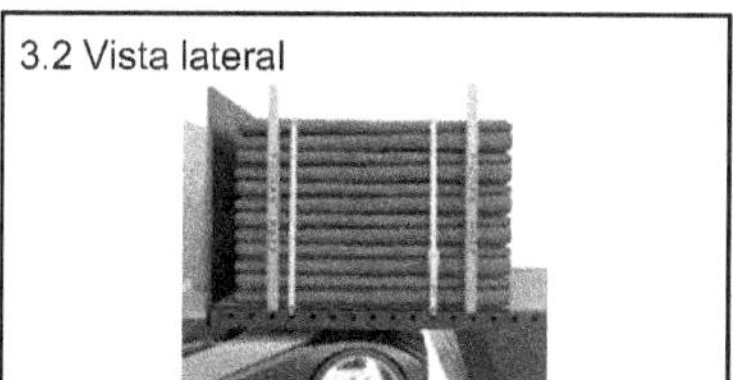

3.3 Vista superior

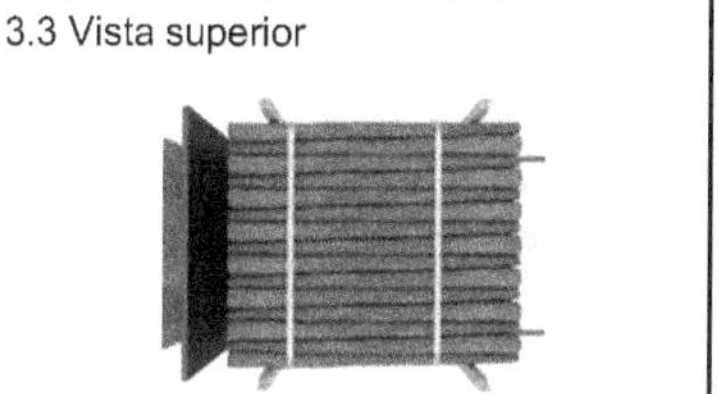

4. Útiles recomendados

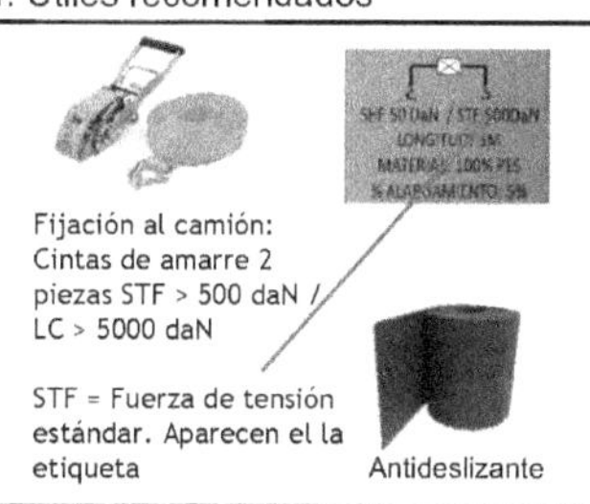

Fijación al camión:
Cintas de amarre 2 piezas STF > 500 daN / LC > 5000 daN

STF = Fuerza de tensión estándar. Aparecen el la etiqueta

Antideslizante

5. Resumen de los pasos principales

6. ¿Qué numero de amarres necesitamos según la STF de las cintas?. Tabla con cálculos hechos.

Si bien el tronco con corteza pueda tener una fricción superior a la de la madera aserrada, no tenemos ensayos oficiales que lo demuestren. Por otro lado, hay troncos con partes de la corteza quitada y que son muy resbaladizos. Consideraremos; madera contra metal; 0,3 / madera lisa contra laminado o contrachapado; 0,4 / madera con corteza contra laminado o contrachapado 0,45 / antideslizante 0,6. Vigílese la parte trasera del vehículo. Para que el amarre superior sea efectivo, no debe haber huecos entre los troncos, pues pueden caer del camión a pesar del amarre. No se considera resistencia en los postes, en caso de homologación 40511 debe calcularse con este bloqueo contemplado.

kg del bulto o conjunto	STF 300 daN								STF 500 daN					
	65°				90°				65°			90°		
	0,3	0,4	0,45	0,6	0,3	0,4	0,45	0,6	0,3	0,4	0,6	0,3	0,4	0,6
3000	12	7	6	3	11	7	5	3	7	5	2	7	4	2
4000	16	10	8	4	14	9	7	3	10	6	2	9	5	2
5000	19	12	9	4	18	11	8	4	12	7	3	11	7	3
6000	23	14	11	5	21	13	10	5	14	9	3	13	8	3
7000	27	16	13	6	24	15	12	5	16	10	4	15	9	3

Ejemplos de configuración

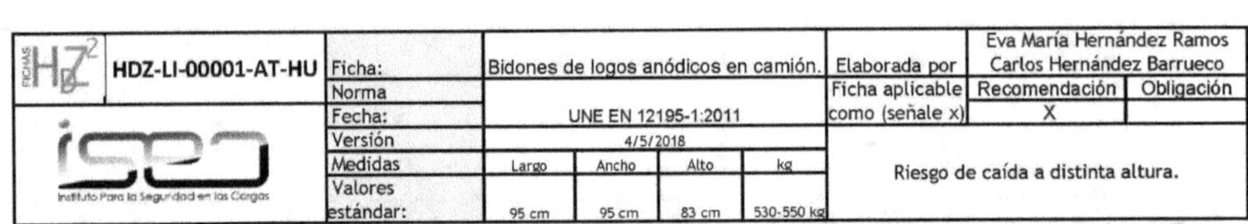

HDZ-LI-00001-AT-HU	Ficha:	Bidones de logos anódicos en camión.	Elaborada por	Eva María Hernández Ramos Carlos Hernández Barrueco	
	Norma		Ficha aplicable como (señale x)	Recomendación	Obligación
	Fecha:	UNE EN 12195-1:2011		X	
	Versión	4/5/2018			
	Medidas	Largo / Ancho / Alto / kg	Riesgo de caída a distinta altura.		
	Valores estándar:	95 cm / 95 cm / 83 cm / 530-550 kg			

1. Cálculos válidos en los siguientes modos de transporte

CARRETERA	MAR A	MAR B	MAR C	FERROCARRIL
X				

2. EPIs obligatorios durante la estiba

3. Vistas generales

3.1 Vista general

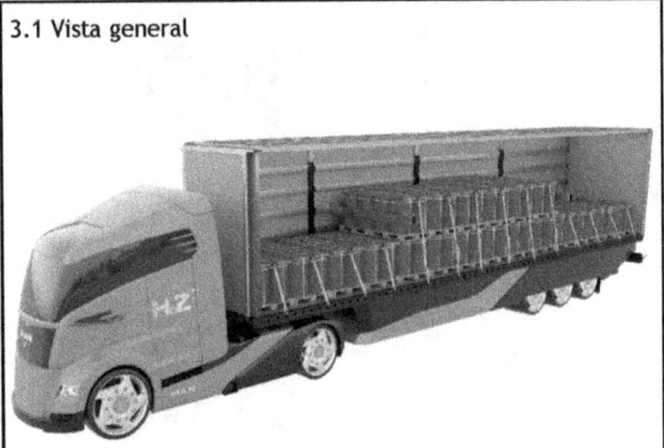

3.2 Vista lateral

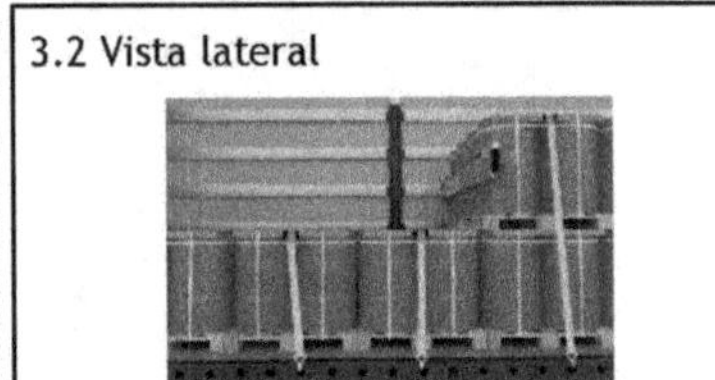

3.3 Vista superior

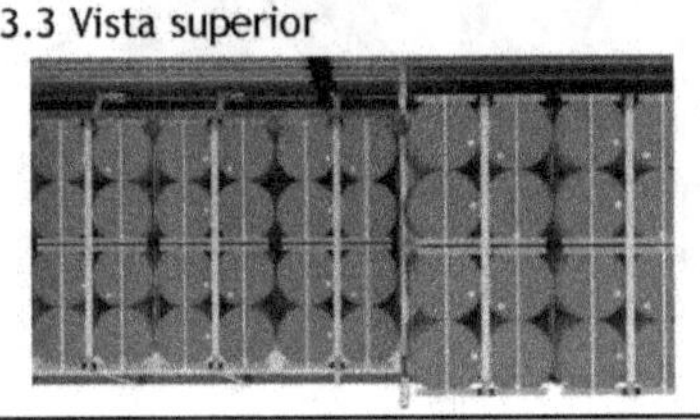

4. Útiles recomendados

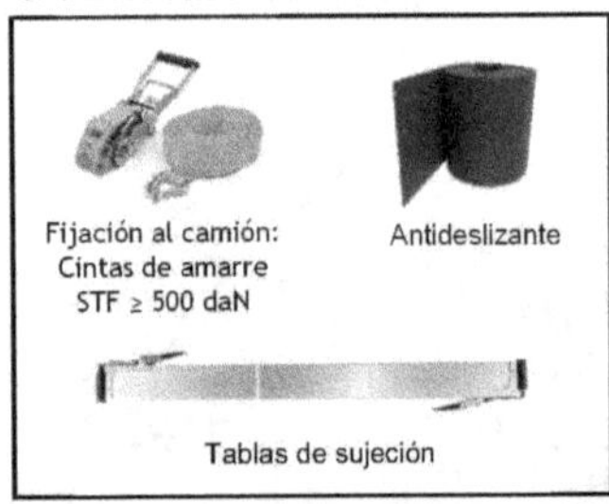

Fijación al camión:
Cintas de amarre
STF ≥ 500 daN

Antideslizante

Tablas de sujeción

5. Resumen de los pasos principales

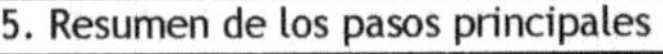

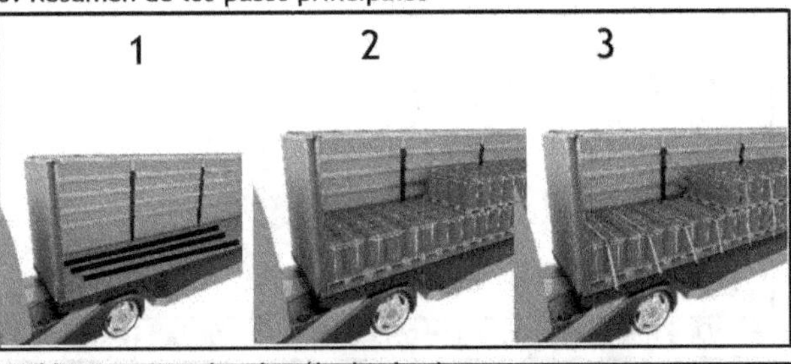

6. LC de cada uno de los 4 amarres. Tabla con ejemplos de cálculos hechos.

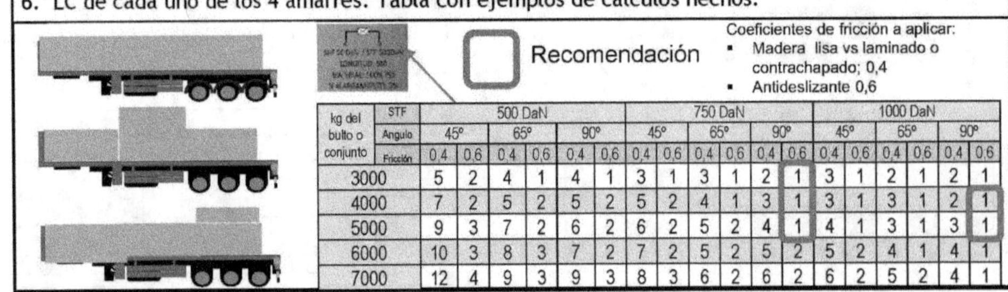

Recomendación

Coeficientes de fricción a aplicar:
- Madera lisa vs laminado o contrachapado; 0,4
- Antideslizante 0,6

kg del bulto o conjunto	STF	500 DaN						750 DaN						1000 DaN					
	Angulo	45°		65°		90°		45°		65°		90°		45°		65°		90°	
	Fricción	0,4	0,6	0,4	0,6	0,4	0,6	0,4	0,6	0,4	0,6	0,4	0,6	0,4	0,6	0,4	0,6	0,4	0,6
3000		5	2	4	1	4	1	3	1	3	1	2	1	3	1	2	1	2	1
4000		7	2	5	2	5	2	5	2	4	1	3	1	3	1	3	1	2	1
5000		9	3	7	2	6	2	6	2	5	2	4	1	4	1	3	1	3	1
6000		10	3	8	3	7	2	7	2	5	2	5	2	5	2	4	1	4	1
7000		12	4	9	3	9	3	8	3	6	2	6	2	6	2	5	2	4	1

HDZ-VE-00001-SE-CO	Ficha:	Transporte de coches en porta vehículos		Elaborada por	Carlos Hernández Barrueco	
	Norma	EN12195-1		Ficha aplicable como (señale x)	Como instrucción	Como obligación
	Fecha:	8/6/2018			X	
Instituto Para la Seguridad en las Cargas	Versión:	V1			El transporte de vehículos aparece en la Guía Europea de buenas prácticas para la sujeción de la carga en el tte . por carretera, tal como aquí se plasma	
	Medidas	Largo	Ancho	Alto	Kg	
	Valores estándar:	20,55m	2,5m	4m	19000 kg	

1. Cálculos válidos en los siguientes modos de transporte

CARRETERA	MAR A	MAR B	MAR C	FERROCARRIL
X				

2. EPIs obligatorios durante la estiba

3. Vistas generales

3.1 Vista general

3.2 Vista lateral

3.3 Vista superior

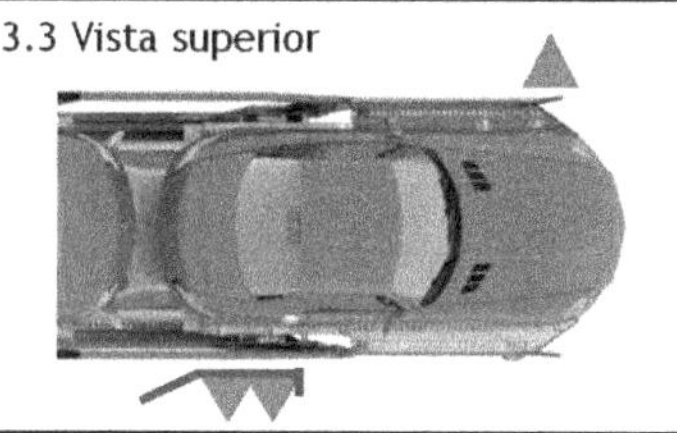

4. Útiles recomendados

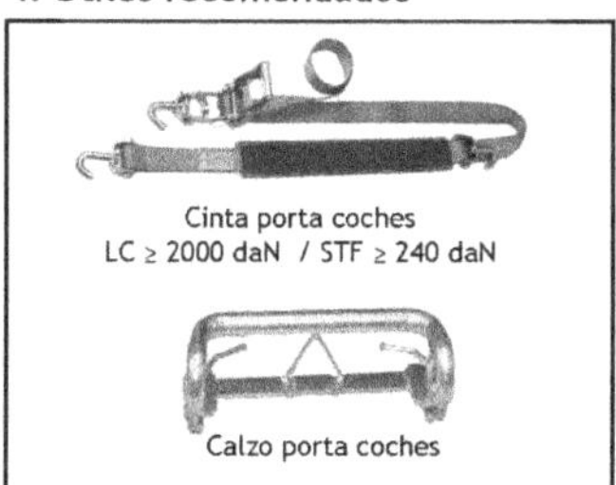

Cinta porta coches
LC ≥ 2000 daN / STF ≥ 240 daN

Calzo porta coches

5. Resumen de los pasos principales

6. Número de fijación necesarios / Tabla por ejemplos según cálculo (c) e inclinación (i)

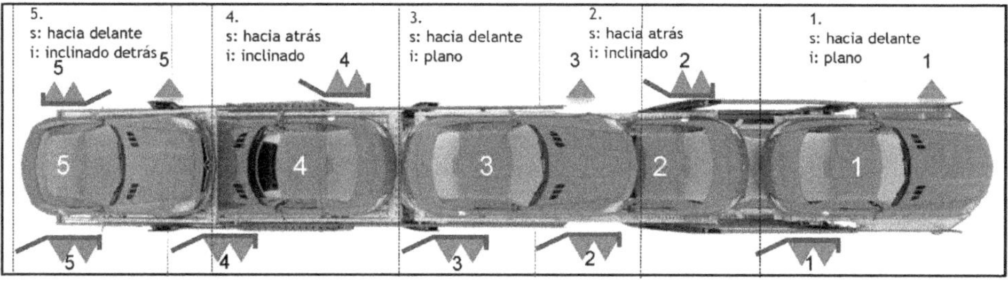

EJEMPLO DE FICHA HDZ – ANVERSO SÓLO PARA USO DIDÁCTICO. NO PERMITIDO SU USO OPERATIVO

FICHAS HDZ²	HDZ-LI-00001-CYR-BA	Ficha:	Carga de IBCs, pallets y bidones		Elaborada por	Eva María Hernández Ramos / Luis Carlos Hernández Barrueco	
		Norma	EN 12195-1:2010		Ficha aplicable como (señale x)	Como instrucción	Como obligación
		Fecha:	8/8/2018			X	
ISEA — Instituto Para la Seguridad en las Cargas		Versión:	V1				
		Medidas	Largo	Ancho	Alto	Kg	
		Valores estándar:	1,2 m	1 m	1,4 m	1000 kg	

Si se realiza la carga en vehículo EN12642 XL podría no sujetarse la carga si no hay espacios de más de 15cm, la carga ocupa 2,4m de ancho, está distribuida la carga durante todo el vehículo y otros requerimientos indicados en la norma. Si no, habría que sujetar la carga a puntos de anclaje homologados, dado que no se validaría resistencia de la estructura

1. Cálculos válidos en los siguientes modos de transporte

CARRETERA X	MAR A	MAR B	MAR C	FERROCARRIL

2. EPIs obligatorios durante la estiba

3. Vistas generales

3.1 Vista general

3.2 Vista lateral

3.3 Vista superior

4. Útiles recomendados

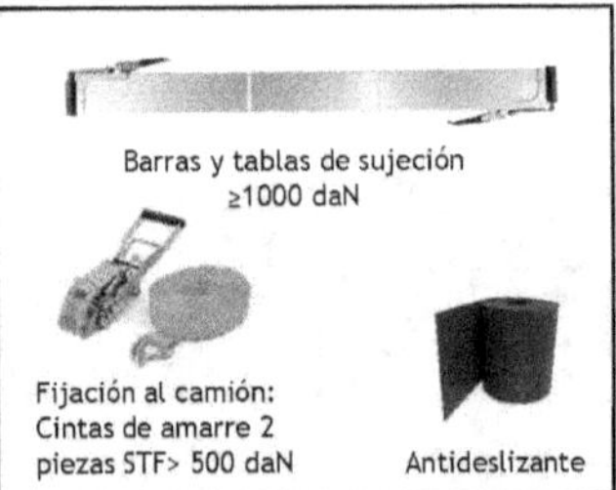

5. Resumen de los pasos principales

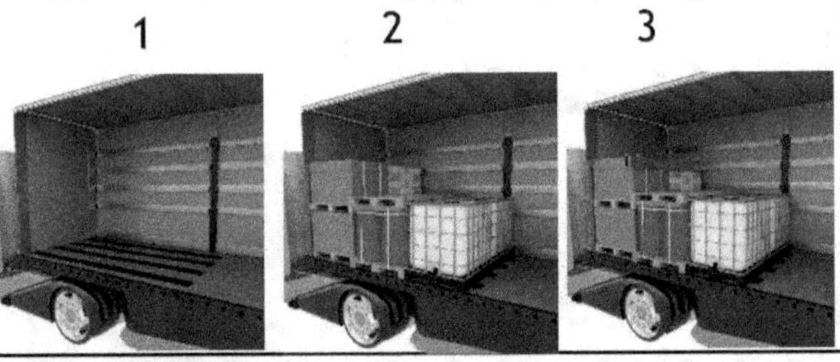

6. LC de cada uno de los 4 amarres. Tabla con ejemplos de cálculos hechos.

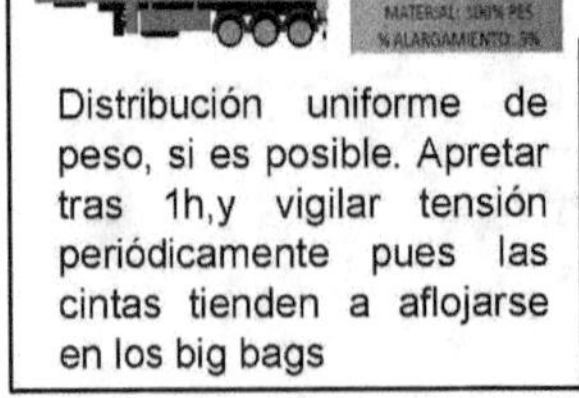

Distribución uniforme de peso, si es posible. Apretar tras 1h, y vigilar tensión periódicamente pues las cintas tienden a aflojarse en los big bags

☐ Recomendación

Coeficientes de fricción a aplicar:
- Madera lisa vs laminado o contrachapado; 0,4
- Antideslizante 0,6

kg del bulto o conjunto	STF → Angulo → Fricción →	500 DaN						750 DaN						1000 DaN					
		45°		65°		90°		45°		65°		90°		45°		65°		90°	
		0,4	0,6	0,4	0,6	0,4	0,6	0,4	0,6	0,4	0,6	0,4	0,6	0,4	0,6	0,4	0,6	0,4	0,6
3000		5	2	4	1	4	1	3	1	3	1	2	1	3	1	2	1	2	1
4000		7	2	5	2	5	2	5	2	4	1	3	1	3	1	3	1	2	1
5000		9	3	7	2	6	2	6	2	5	2	4	1	4	1	3	1	3	1
6000		10	3	8	3	7	2	7	2	5	2	5	2	5	2	4	1	4	1
7000		12	4	9	3	9	3	8	3	6	2	6	2	6	2	5	2	4	1

TÉRMINOS DE ESTIBA
CLÁUSULAS APLICABLES

1. Normativa aplicable

3. Regla Incoterms utilizada y responsabilidad en función de la misma

INCOTERMS	CARGA	NO PACTADA SUJECIÓN	PACTADA SUJECIÓN
EXW	CLIENTE		
FCA/FAS/ FOB	EXPEDIDOR		
CFR/CPT/CIF/CIP	EXPEDIDOR		
DAP/DAT/DDP	EXPEDIDOR		

4. Recomendaciones

5. Plazo de verificación

6. Plazos para reclamar

8. Cuadro política de protección de datos (primera capa)

2. Responsabilidad de las partes

NORMATIVA APLICABLE			Responsabilidad ¿Quién debe realizarlo?		
NORMA	COMENTARIO QUÉ REGULA	CONDICIONANTE	CARGADOR EFECTIVO	PORTEADOR	CARGADOR CONTRACTUAL
EUMOS 40509 / LEY 15 2009 ART 21	EMBALAJE				
LEY 15/2009 ART 17	IDONEIDAD DEL VEHÍCULO	El cargador debe dar la información necesaria para definirlo			
LEY 15/2009 ART 20	CARGA Y DISTRIBUCIÓN DEL PESO	Por instrucciones del transportista			
		Sin instrucciones del transportistas			
EN 12195-1	CALCULOS DE SUJECIÓN Y FIJACIÓN DE LA CARGA	Si se ha pactado que el transportista realice la fijación de la carga			
		Si no se ha pactado que el transportista realice la fijación de la carga			
EN 12195-2 EN 12195-3 EN 12195-4	CINTAS, CABLES Y CADENAS DE AMARRE	Pactado trincaje con transportista			
		Sin pacto con el transportista (Realiza estiba cargador)			
EN 12640 EN 12641 EN 12642 EUMOS 40511 ISO 1161 ISO 1496 EN 283	ESTRUCTURA Y REQUISITOS DE LOS VEHÍCULOS				

Ejecución de la operación

Debe inspeccionarse

Contrata e indica necesidades

7. Certificado de estiba / arrumazón

9. Firmas, nombre, DNI, fecha

97 | ¿Cuál es la innovación que aportan las fichas de estiba?

Las fichas de estiba son un concepto innovador que aporta en un solo documento múltiples soluciones. Puede verse su ventaja operativa y legal en el siguiente cuadro, con los distintos formatos existentes.

Ítem /propósito	Instrucción de estiba interna / externa	Recomendación de estiba a terceros	Certificado de estiba	Prueba de pacto previo	Clausulado legal entre las partes	Base para procedimientos de PRL	Base para procedimientos de calidad	Orientación para reducir costes
Fichas de estiba HDZ	V	V	V	V	V	V	V	V
Guías de estiba temáticas	X	V	X	X	X	X	P	P
Guías generales	X	P	X	X	X	X	P	P
Procedimientos internos / externos	V	P	X	X	X	V	V	P
Fichas ADR	P	P	X	P	X	V	V	X
Certificados de estiba privados	V	V	V	P	X	V	V	X

Ejemplo

Un transportista independiente que utiliza bolsas de cargas para contratar transportes debe cargar en una semana diferentes tipos de mercancías: rodamientos eólicos, ferralla, cajas de cerveza, cristal y placas de mármol. Atendiendo a los formatos previos a la ficha de estiba, ninguno de ellos podría servir para indicarle cómo operar con la suficiente diligencia y a un coste razonable.

Sin embargo, el transportista puede acceder a bases de datos de fichas de estiba, con información sobre cómo se carga cada tipo de mercancías y, además, portando un certificado de estiba.

98 | ¿Qué problemas resuelven las fichas HDZ empleando reglas Incoterms?

Las cargas EXW

EXW es el acrónimo de la regla Incoterms *ex works* o «en fábrica». En este tipo de cargas, el cliente asume el transporte y también debe realizar la carga y estiba de la mercancía en el vehículo. Sin embargo, en la práctica es frecuente que empresas que venden sus productos EXW realizan ellas la carga, asumiendo así obligaciones más allá de lo pactado mediante dicha regla.

La situación que se produce con frecuencia es que el transporte es pagado por el cliente. La empresa expedidora no puede asegurarse de que el cliente haya pactado previamente con la transportista que esta realice el trincaje de la carga. Asimismo, la empresa expedidora no suele colaborar (aun siendo la que mejor conoce el trincaje adecuado para su producto) por temor a que la transportista indique que le ha dado instrucciones de fijación erróneas y las posibles responsabilidades.

Mediante la ficha de estiba, esta situación se puede resolver:

- La empresa expedidora proporciona a todos sus clientes fichas de estiba HDZ o un acceso en línea a las mismas.
- Lo puede hacer como recomendación y que así quede reflejado, para que cuando lleguen nuevos transportistas tengan asesoramiento del personal de almacén.
- Lo puede hacer como instrucción, dentro de sus condiciones de venta.
- La empresa compradora puede entonces reenviar estas fichas a sus transportistas para que sepan cómo estibar y quede reflejado el pacto previo para que estas asuman el trincaje.

Las cargas FCA planta

En las cargas realizadas bajo esta regla Incoterms, la empresa expedidora realiza la carga, pero la entrega es efectiva una vez puesta la carga sobre el vehículo.

Así, el cliente paga el transporte y se repetirían exactamente las mismas utilidades de la ficha de estiba HDZ que en el punto anterior.

Las cargas FCA, FAS, FOB, CPT, CIP, CFR, CIF, DAT y DAP

Estas cargas tienen que realizarse hasta un punto, recogiendo el cliente la carga o pagándola desde dicho punto hasta el final del trayecto.

Se dan varias casuísticas. En el grupo de reglas Incoterms que empiezan por F el expedidor paga el transporte local y el cliente el trayecto principal. FAS Y FOB son reglas exclusivamente marítimas. En tales casos, la ficha de estiba debería contemplar las responsabilidades de las partes y cuestiones como cuándo se transmite el riesgo y la responsabilidad sobre la estiba.

Un ejemplo podría ser una carga a Mallorca realizada en Zaragoza y pagada por el expedidor hasta la terminal en el puerto de Valencia en condiciones FAS. Así, la ficha reflejaría que para esta regla Incoterms, el cliente debería revisar la estiba y asegurarse de que la mercancía viaja adecuadamente, portando su ficha de estiba o teniendo el transportista acceso a la base general de fichas de estiba.

La regla Incoterms FCA («punto de entrega local») puede servir para realizar grupajes o entregas en plataformas logísticas, almacenes intermedios, etc. Esto puede ser un quebradero de cabeza, ya que cuando un transportista realiza un grupaje suele encontrarse con reticencias por parte del expedidor para distribuir bien el peso o sujetar adecuadamente la carga.

No hablemos del siguiente punto de recogida, en el que el siguiente expedidor no quiere normalmente ni oír hablar de reacondicionar la carga de otro expedidor, por miedo a responsabilidades.

En este sentido, las fichas de estiba pueden servir para establecer puntos importantes tales como:

- Quién es el responsable del trincaje.
- Autorizaciones e indicaciones a los intervinientes para reacondicionar la carga de otros expedidores.
- Indicaciones al transportista sobre cómo estibar cargas parciales con seguridad.

Responsabilidad en función de la regla Incoterms acordada

El propósito de la presente ficha es servir de recomendación de estiba de carga a quien vaya a ejecutarla, e igualmente como certificado de arrumazón del responsable legal de la estiba de cargas en camión, una vez realizada dicha sujeción.

XXX y el transportista pactan el servicio de fijación de la carga (trincaje), antes de la efectiva presentación del vehículo, independientemente de la regla Incoterms. En función de ello, se presentan las siguientes casuísticas de responsabilidad:

Ejemplo de cuadro indicativo sobre quién realiza el trincaje en cada regla Incoterms en una ficha HDZ

Regla Incoterms	Carga	No pactada Sujeción	Pactada* Sujeción
EXW	Cliente	Cliente	Transportista
FCA planta	Expedidor	Cliente	Transportista
Resto FCA /FAS/ FOB	Expedidor	Expedidor	Transportista
CFR/CPT/CIF/CIP	Expedidor	Expedidor	Transportista
DAP/DAT/DDP	Expedidor	Expedidor	Transportista

* Se podrá pactar con el transportista, siempre antes de la efectiva presentación del vehículo, que este realice la sujeción de la carga.

En el grupo C y la regla DAT el transporte principal es pagado por el expedidor, y en la regla DAP puede realizarse un transporte parcial o total sin aranceles. En este sentido, a través de las fichas puede:

- Indicar que subcontrata o realiza el trincaje.
- Dar instrucciones o recomendaciones sobre cómo estibar y fijar una mercancía.
- Proporcionar un certificado de estiba al transportista.
- Indicar cuándo se transmite el riesgo y facilitar recomendaciones al cliente sobre el aseguramiento de la carga.

Las reglas DDP y el DAP hasta destino

Son las únicas reglas Incoterms en las que el expedidor paga el transporte íntegramente. En este sentido, la ficha de estiba HDZ puede:

- Indicar que subcontrata o realiza el trincaje.
- Dar instrucciones o recomendaciones sobre cómo estibar y fijar una mercancía.
- Proporcionar un certificado de estiba al transportista.

Resumen de casuísticas de estiba que pueden darse según la regla Incoterms					
	Portes pagados por el cliente (EXW / FCA)				
	Trincaje realizado por la empresa:		**Quién realiza el trincaje/fijación de la carga**		
Regla Incoterms	**Expedidora**	**Porteadora**	**Subcontratado por el cliente a la expedidora**	**Subcontratado por el cliente a la porteadora**	**No se ha definido nada**
EXW	X		X		
		X		X	
	X				X
		X			X
FCA	X		X		
		X		X	
	X				X
		X			X

	Portes pagados por la empresa expedidora hasta un punto definido				
	Trincaje realizado por la empresa:		**Quién realiza el trincaje/fijación de la carga**		
	Expedidora	**Porteadora**	**La porteadora exige trincaje a la expedidora**	**Subcontratado por la expedidora a la porteadora**	**No se ha definido nada**
FCA con transporte, FAS, FOB, CFR, CPT, CIF, CIP, DAT, DAP punto de entrega antes del destino	X		X		
		X		X	
	X				X
		X			X
DAP punto de entrega final y DDP	X		X		
		X		X	
	X				X
		X			X

99 | ¿Qué ventajas aporta el uso de las fichas de estiba?

Utilizar fichas de estiba conlleva múltiples ventajas tanto para la empresa expedidora como para la transportista.

Ventajas para la empresa expedidora (cuando es el cliente quien paga el transporte)

- **Calidad de servicio.** Si el cliente contrata el porte, debe pactar con el transportista la fijación de la carga (trincaje, bloqueo, etc.), generalmente sin conocer en profundidad el tipo de técnica que se precisa. Por ello, recibir de una empresa proveedora una ficha de estiba puede ser muy beneficioso y positivo para el servicio prestado.
- **Demostración de diligencia.** Si emite una ficha de estiba como recomendación está demostrando una diligencia para evitar daños, lo que puede exonerarle de responsabilidad ante cualquier incidente.
- **Planificación de la carga.** En muchas ocasiones recibe un transportista que no dispone de los medios necesarios para sujetar la carga. La ficha de estiba permite saber qué útiles se necesitan para sujetar una mercancía en el mismo momento en que se emite, junto a la orden de carga.
- **Traducción.** Si el cliente y su transportista son extranjeros, se facilita la comunicación en el momento de emitir la orden de carga, anticipando posibles problemas desde ese momento.
- **Proceso de control de vigilancia.** Herramienta básica para control de la CAE.

Ventajas para el transportista

- **Pactos y claridad.** El reverso legal de la ficha de estiba contiene los pactos entre las partes. La normativa actual solo se centra en pactar la labor de estiba, pero es necesario pactar otros aspectos, como, por ejemplo, quien aporta los útiles o quien responde del embalaje.

  En una sanción por carretera, se indicará en el boletín quien es el responsable. Es muy útil que el porteador tenga la ficha de estiba para esta operación.

No obstante, existen obligaciones que son exclusivamente del cargador como el embalaje subóptimo, uno de los puntos sancionables. Con la ficha de estiba se facilita la labor sancionadora del agente al saber a quién sancionar por mala estiba, motivada por causas distintas, como cintas en mal estado, embalaje inadecuado, etc.

- **Planificación.** Permite saber el número de cintas que debe llevar en el vehículo y de qué tensión. El número mínimo no viene determinado en ningún lugar y hay que calcularlo, con la dificultad que ello supone para el transportista en la momento de la carga.

Ventajas para la empresa cargadora (por facilitar ella la ficha de estiba)

- **Compromiso y calidad.** Si acuerda con la transportista que ella realizará el trincaje, remitir la ficha de estiba junto con la orden de carga le permitirá conocer las características de la mercancía que se ha de transportar y facilitará su labor.
- **Calidad de servicio.** Recibir una ficha de estiba puede ser muy beneficioso y positivo para el servicio que se va a prestar y facilitar la carga.
- **Demostración de diligencia.** Si emite una ficha de estiba como recomendación, se está demostrando una diligencia para evitar daños, lo que puede ayudarle a gestionar la CAE.
- **Ayuda a la planificación de la carga.** En muchas ocasiones recibe un transportista que no dispone de los medios necesarios para sujetar la carga. La ficha de estiba permite saber qué útiles se necesitan para sujetar una mercancía en el mismo momento en que se emite, junto a la orden de carga.
- **Traducción.** Si la empresa transportista pacta los servicios con conductores extranjeros, se facilita la comunicación en el momento de emitir la orden de carga, anticipando posibles problemas desde ese momento y evitar ser condenados en caso de accidente por emitir instrucciones en un idioma no comprensible.

Capítulo 6
Inspecciones

Las inspecciones técnicas en carretera son un régimen diseñado para garantizar que los vehículos se encuentran en buenas condiciones de seguridad y que cumplen la normativa medioambiental, complementan a las inspecciones periódicas y fomentan un transporte competitivo y sostenible.

La Directiva 2014/47 EU y el RD 563/2017 regulan el régimen de inspecciones técnicas periódicas y en carretera, incluyendo las relativas a la sujeción de la carga.

Las inspecciones técnicas en carretera consisten en una inspección inicial, a la que pueden sumarse otras más minuciosas si fuese necesario.

En ambos casos, se inspeccionan todas las partes y sistemas del vehículo, debiendo aportar métodos y ejemplos respecto las deficiencias encontradas y su categorización en función de la gravedad.

Las inspecciones pueden apoyarse en selecciones al azar de vehículos en carretera o por observancia de falta de seguridad de un vehículo. La normativa permite priorizar las inspecciones sobre empresas con incidencias en la ITV e inspecciones técnicas en carretera deficientes, con el apoyo de una lista de empresas de alto riesgo.

La utilización de sistemas de categorización de riesgos favorece un transporte de calidad y competitivo, con observancia a la normativa y respeto al medio ambiente.

El recurso de unidades móviles facilita las inspecciones en carretera, evitando acudir a la ITV más cercana para inspecciones minuciosas. La inspección sobre sujeción de la carga consiste en comprobar que la carga está sujeta de forma que no interfiera a la conducción segura, ni suponga un riesgo para la vida, la salud, la propiedad o el medio ambiente.

Se pueden realizar inspecciones para comprobar que, en todas las situaciones de mantenimiento del vehículo, incluidas las de emergencia y las maniobras de arranque cuesta arriba:

a) El cambio de posición de las cargas entre sí, contra las paredes o las superficies del vehículo sea mínimo.

b) Las cargas no pueden salirse del espacio de carga ni desplazarse fuera de la superficie de carga.

101 | ¿Cómo se clasifican las deficiencias en el RD 563/2017?

Las inspecciones pueden conllevar sanciones, en función de las deficiencias encontradas. Las deficiencias se clasifican en leves, graves o peligrosas:

- **Deficiencia leve.** Cuando la carga va bien sujeta, pero podrían realizarse recomendaciones de seguridad adicionales, como la falta de etiqueta en las cintas, no usar antideslizante, etc.
- **Deficiencia grave.** Cuando la carga no va sujeta suficientemente y podría caer o arrastrar toda o parte de la misma.
- **Deficiencia peligrosa.** Cuando la carga pone en peligro directamente la seguridad vial y de otros usuarios, ante el riesgo de caída o pérdida de la carga total o partes de la misma.

En caso de observarse varias deficiencias, dado que cabe esperar que el efecto combinado de las mismas las refuerce, el transporte se clasificará en el nivel de deficiencia superior.

Seguimiento de las deficiencias graves o peligrosas

Respecto al seguimiento que se debe hacer sobre las deficiencias graves o peligrosas, el artículo 12 del RD 563/2017 especifica:

Como norma general, toda deficiencia grave o peligrosa detectada en una inspección técnica inicial o en una inspección técnica más minuciosa **deberá ser subsanada antes de que el vehículo pueda volver a circular por las vías públicas.**

2. Si el vehículo está matriculado en España, los inspectores podrán decidir someterlo a una inspección técnica en una estación fija ITV en un plazo de 15 días hábiles y cuyo alcance será definido por el inspector que la prescribe en función de las deficiencias detectadas en la inspección técnica en carretera a la que, previamente, hubiera sido sometido el vehículo. Si el vehículo está matriculado en otro Estado miembro, el punto de contacto podrá solicitar a la autoridad competente de ese otro Estado miembro, que someta al vehículo a una nueva inspección técnica. Cuando se detecten deficiencias graves o peligrosas en un vehículo matriculado fuera de la Unión Europea, el punto de contacto podrá decidir informar a la autoridad competente del país de matriculación del vehículo.

3. Las Fuerzas y Cuerpos de Seguridad podrán proceder a la inmovilización del vehículo en los casos previstos en el artículo 104 del texto refundido de la Ley sobre Tráfico, Circulación de Vehículos a Motor y Seguridad Vial, aprobado por el Real Decreto Legislativo 6/2015, de 30 de octubre, cuando presente deficiencias que constituyan un riesgo especialmente grave para la seguridad vial. Si las deficiencias detectadas suponen un riesgo directo para la seguridad vial se podrá disponer su traslado hasta un taller cercano, sea por medios propios o por medios ajenos. Si las deficiencias no requieren subsanación inmediata, se deberá realizar una reparación del vehículo para corregir estas deficiencias y someterse a una nueva inspección en el plazo de 15 días hábiles.

Inspecciones que regula el anexo III del RD 563/2017							
20. Retención de la carga por contención					Evaluación de la deficiencia		
N.º	Esquema	Parte que se inspecciona	Punto	Deficiencias	Leve	Grave	Peligrosa
10.1		Pared frontal (si se utiliza para la sujeción de la carga)	10.1.1	Pared oxidada o deformada		X	
			10.1.2	Parte fisurada que pone en peligro la integridad del comportamiento de la carga			X
10.2		Paredes laterales (si se utilizan para la sujeción de la carga	10.2.1a	Resistencia insuficiente (certificado o etiqueta si procede)		X	
			10.2.1b	Parte fisurada; faltan bisagras o cerraduras, o no funcionan			X
			10.2.2a	Resistencia insuficiente del soporte (certificado o etiqueta si procede)		X	
			10.2.2b	Altura insuficiente en relación con la carga transportada			X
			10.2.3a	Mal estado de los paneles de las paredes laterales		X	
			10.2.3b	Parte fisurada			X
10.3		Pared posterior (si se utiliza para la sujeción de la carga)	10.3.1a	Parte oxidada o deformada; mal estado de bisagras o cerraduras		X	
			10.3.1b	Parte fisurada; faltan bisagras o cerraduras, o no funcionan			X
			10.3.2a	Resistencia insuficiente (certificado o etiqueta si procede)		X	
			10.3.2b	Altura insuficiente en relación con la carga transportada			X

Inspecciones que regula el anexo III del RD 563/2017 *(Cont.)*							
20. Retención de la carga por contención					**Evaluación de la deficiencia**		
N.º	**Esquema**	**Parte que se inspecciona**	**Punto**	**Deficiencias**	**Leve**	**Grave**	**Peligrosa**
10.4		Teleros (si se utilizan para la sujeción de la carga)	10.4.1a	Parte oxidada o deformada o amarre insuficiente del vehículo		X	
			10.4.1b	Parte fisurada; amarre al vehículo inestable			X
			10.4.2a	Mala resistencia o diseño		X	
			10.4.2b	Altura insuficiente en relación con la carga transportada			X
10.5.		Puntos de amarre (si se utilizan para la sujeción de la carga)	10.5.1a	Mal estado o diseño		X	
			10.5.1b	No pueden soportar las fuerzas de amarre necesarias			X
			10.5.2a	Número insuficiente		X	
			10.5.2b	Número insuficiente para soportar las fuerzas de amarre necesarias			X
10.6		Estructuras especiales exigidas (si se utilizan para la sujeción de la carga)	10.6.1a	Mal estado, dañado		X	
			10.6.1b	Parte fisurada; no apta para soportar la fuerza de retención			X
			10.6.2a	No apta para la carga transportada		X	
			10.6.2b	Ausente			X
10.7		Suelo (si se utiliza para la sujeción de la carga)	10.7.1a	Mal estado, dañado		X	
			10.7.1b	Parte fisurada; no apto para soportar carga			X
			10.7.2a	Límite de carga insuficiente		X	
			10.7.2b	No apto para soportar carga			X

Continúa

Inspecciones que regula el anexo III del RD 563/2017 *(Cont.)*								
20. Retención de la carga por amarres de cierre, bloqueo y amarre directo						Evaluación de la deficiencia		
N1	Elemento	Punto	Incidencia	Subpunto	Deficiencias	Leve	Grave	Peligrosa
20.1	Amarre directo de la carga (bloqueo)	20.1.1	Demasiada distancia entre la carga y la parte frontal	20.1.1.1a	Demasiada distancia con la pared frontal si se utiliza para la sujeción directa de la carga		X	
				20.1.1.1b	Más de 15 cm y riesgo de atravesar la pared			X
				20.1.1.2a	Demasiada distancia con las paredes laterales si se utilizan para la sujeción directa de la carga		X	
				20.1.1.2b	Más de 15 cm y riesgo de atravesar la pared			X
				20.1.1.3a	Demasiada distancia con la pared posterior si se utiliza para la sujeción directa de la carga		X	
				20.1.1.3b	Más de 15 cm y riesgo de atravesar la pared			X
		20.1.2	Dispositivos de sujeción, como raíles de amarre, vigas de bloqueo, tablillas y cuñas en las paredes frontal, laterales y posterior	20.1.2.1a	Fijación al vehículo inadecuada	X		
				20.1.2.1b	Fijación insuficiente		X	
				20.1.2.1c	No aptos para soportar las fuerzas de retención, flojos			X
				20.1.2.2a	Sujeción inadecuada	X		
				20.1.2.2b	Sujeción insuficiente		X	
				20.1.2.2c	Totalmente ineficaces			X
				20.1.2.3a	Equipo de sujeción poco adaptado		X	
				20.1.2.3b	Equipo de sujeción totalmente inadecuado			X
				20.1.2.4a	Método escogido para la sujeción del embalaje: subóptimo			X
				20.1.2.4b	Método elegido totalmente inadecuado		X	

Inspecciones que regula el anexo III del RD 563/2017 *(Cont.)*								
20. Retención de la carga por amarres de cierre, bloqueo y amarre directo						**Evaluación de la deficiencia**		
N1	**Elemento**	**Punto**	**Incidencia**	**Subpunto**	**Deficiencias**	**Leve**	**Grave**	**Peligrosa**
20.1	Amarre directo de la carga (bloqueo)	20.1.3	Sujeción directa con redes y lonas	20.1.3.1a	Estado de las redes y de las lonas (falta la etiqueta/están dañadas pero pueden servir)	x		
				20.1.3.1b	Dispositivos de retención de la carga dañados		x	
				20.1.3.1c	Dispositivos de retención de carga muy deteriorados y que ya no son apropiados para el uso			x
				20.1.3.2a	Resistencia insuficiente de las redes y lonas		x	
				20.1.3.2b	Capacidad inferior a dos tercios de las fuerzas de retención requeridas			x
				20.1.3.3a	Fijación insuficiente de las redes y lonas		x	
				20.1.3.3b	Fijación con una capacidad menor para soportar dos tercios de las fuerzas de retención requeridas			x
				20.1.3.4a	Adecuación insuficiente de las redes y lonas para la sujeción de la carga		x	
				20.1.3.4b	Totalmente inadecuadas			x
		20.1.4	Separación y relleno de las unidades de carga o de los espacios libres	20.1.4.1a	Inadecuación de la unidad de separación y relleno		x	
				20.1.4.1b	Separación o espacios libres demasiado amplios			x
		20.1.5	Amarre directo (horizontal, transversal, diagonal, con bucles o resortes)	20.1.5.1.a	Las fuerzas de sujeción requeridas son inadecuadas		x	
				20.1.5.1.b	Inferiores a dos tercios de la fuerza requerida			x

Continúa

Inspecciones que regula el anexo III del RD 563/2017 *(Cont.)*							
20. Retención de la carga por amarres de cierre, bloqueo y amarre directo					Evaluación de la deficiencia		
N1	Elemento	Incidencia	Punto	Deficiencias	Leve	Grave	Peligrosa
20.3		Dispositivos de retención de la carga utilizados	20.3.1a	Inadecuación de los dispositivos de retención de la carga		x	
			20.3.1b	Dispositivo totalmente inadecuado			x
			20.3.2a	Falta la etiqueta (por ejemplo placa/remolque)/ está dañada pero el dispositivo funciona adecuadamente	x		
			20.3.2b	Falta la etiqueta (por ejemplo placa/remolque)/ está dañada y el dispositivo está muy deteriorado		x	
			20.3.3a	Dispositivos de retención de la carga dañados		x	
			20.3.3b	Dispositivos de retención de carga muy deteriorados y que ya no son apropiados para el uso			x
			20.3.4a	Tornos de amarre utilizados de forma incorrecta		x	
			20.3.4b	Tornos de amarre defectuosos			x
			20.3.5a	Uso incorrecto de los dispositivos de retención de la carga (por ejemplo falta de protección de las aristas)		x	
			20.3.5b	Uso defectuoso de los dispositivos de retención de la carga (por ejemplo nudos)			x
			20.3.6a	Fijación de los dispositivos de retención de la carga inadecuada		x	
			20.3.6b	Inferiores a dos tercios de la fuerza requerida			x

Inspecciones que regula el anexo III del RD 563/2017 *(Cont.)*							
20. Retención de la carga por amarres de cierre, bloqueo y amarre directo					**Evaluación de la deficiencia**		
N1	**Elemento**	**Incidencia**	**Punto**	**Deficiencias**	**Leve**	**Grave**	**Peligrosa**
20.4		Equipo adicional (por ejemplo alfombras antideslizantes, protectores de aristas, ríeles)	20.4.1a	Se emplea un equipo inadecuado	x		
			20.4.1b	Se emplea un equipo incorrecto o defectuoso		x	
			20.4.1c	Se emplea un equipo totalmente inadecuado			x
20.5		Transporte de productos a granel, ligeros y sueltos	20.5.1a	Productos a granel que vuelan al circular el vehículo y que pueden distraer a otros vehículos		x	
			20.5.1a	Supone un peligro para los demás vehículos			x
			20.5.2a	Productos a granel mal sujetos		x	
			20.5.2a	Pérdida de la carga que supone un peligro para los demás vehículos			x
			20.5.3a	Productos ligeros sin cubrir		x	
			20.5.3b	Pérdida de la carga que supone un peligro para los demás vehículos			x
20.6		Transporte de trozas	20.6.1	Pérdida parcial del producto transportado (troncos)		x	
			20.6.2a	Fuerzas de sujeción de la unidad de carga inadecuadas			x
			20.6.2b	Inferiores a dos tercios de la fuerza requerida			x

	30. Carga totalmente suelta		**Evaluación de la deficiencia**		
Icono	**Elemento**	**Deficiencia**	**Leve**	**Grave**	**Peligrosa**
	30	Carga totalmente suelta			x

Capítulo 7
Régimen sancionador en materia de estiba

102 | ¿Quiénes son los inspectores de estiba?

Las Fuerzas y Cuerpos de Seguridad del Estado, en el ejercicio de las funciones que les atribuye la Ley Orgánica 2/1986, de 13 de marzo, de Fuerzas y Cuerpos de Seguridad, y en lo que se refiere a las inspecciones técnicas iniciales en carretera, son competentes para ejercer dicho poder sancionador como inspectores.

103 | ¿Qué régimen sancionador se aplica?

Con la aplicación del RD 563/2017 sigue vigente el régimen sancionador establecido en el RD 6/2015, de 30 de octubre, por el que se aprueba el texto refundido de la Ley sobre Tráfico, Circulación de Vehículos a Motor y Seguridad Vial (arts. 76 y ss.), conocida por las siglas LSV.

El RD 563/2017 explicita respecto al régimen sancionador aplicable lo siguiente:

- **Artículo 16. Régimen sancionador.** El régimen de sanciones que proceda aplicar cuando no se respeten los requisitos técnicos controlados será el establecido en la legislación sobre tráfico y seguridad vial en función del marco competencial correspondiente, o en su caso en la Ley 16/1987, de 30 de julio, de Ordenación de los Transportes Terrestres.

Por ello, el régimen sancionador permanece tal cual estaba dispuesto para inspecciones técnicas generales, que no incluyan la estiba de cargas.

Esto puede suponer un problema, puesto que la LSV está diseñada para sancionar al conductor por hechos achacables al vehículo o su conducción, pero no para sancionar al cargador por hechos que puede realizar este, como, por ejemplo, una mala estiba de la carga.

104 | ¿Cuándo se puede inmovilizar un vehículo?

El punto 2 del artículo 16 del RD 563/2017 se refiere a las medidas cautelares e inmovilización del vehículo:

> Las medidas cautelares que se puedan acordar y, en concreto, cuando se refieran a la inmovilización del vehículo, se ajustarán a lo establecido en el artículo 104 y siguientes del referido texto refundido de la Ley sobre Tráfico, Circulación de Vehículos a Motor y Seguridad Vial.

Nos encontramos asimismo con una posible dificultad, ya que para inmovilizar un vehículo los agentes deben ceñirse al artículo 104 de la LSV. Este artículo indica una serie de requisitos para poder inmovilizar un vehículo comercial, que no se podría realizar si no se cumplen.

Ejemplo

Un caso ilustrativo podría ser el de una persona que circule tras un evento en el que haya consumido alcohol. Está expuesta a arrojar un resultado positivo en un control de alcoholemia y supone un gran peligro para otros usuarios de la vía.

En estos casos, el vehículo queda inmovilizado por alcoholemia de su conductor (art. 25 del Reglamento General de Circulación), y solo podrá ser conducido por alguien que no presente dichos síntomas. Es decir, la alcoholemia la presenta el individuo, pero el vehículo puede circular si se subsana dicho incidente y lo conduce una persona en condiciones de realizarlo.

Ahora bien, supongamos que un transportista circula con un camión mal estibado (cintas de amarre insuficientes o con nudos) que pueden provocar una caída de la carga. El agente sancionará en base al artículo 14 del Reglamento General de Circulación, impondrá una sanción grave por peligro de caída de la carga, pero deberá dejar marchar al vehículo, porque no dispone de herramientas legales para inmovilizarlo. El agente debe dejarlo circular, aunque el vehículo es el que presenta signos de «alcoholemia».

105 | Boletín de denuncia: ¿qué artículos son aplicables?

Los agentes solo disponen de dos artículos para sancionar a la empresa cargadora (o a la transportista, si media pacto expreso acreditable) por «mala estiba»:

- **Artículo 14 del Reglamento General de Circulación (RD 1428/2003),** sobre «Disposición de la carga», indicado en los boletines de denuncia para sancionar infracciones graves de la Ley de Seguridad Vial (LSV), equivalentes a situaciones de «mala estiba» o aquellas en las que la carga puede caer, arrastrar o comprometer la estabilidad del vehículo.
- **Artículo 77 de la Ley de Seguridad Vial,** para infracciones muy graves.

Conviene aclarar que las infracciones de la LSV son una cosa, y las deficiencias del RD 563/2017 otra muy distinta. Las deficiencias sancionables de este no se corresponden con la categorización que realiza la LSV, por lo que es imposible sancionar las deficiencias leves con infracciones leves, sancionando en la realidad deficiencias leves, graves y peligrosas como infracciones graves, con una multa aparejada de 200 €.

Es decir, deficiencias leves, graves y peligrosas se están sancionando conforme la misma regla. Se sanciona de igual manera a un transportista que lleva una cinta con nudo, que a otro que lleva atada su carga con un número insuficiente, además sin bloquear contra el testero y con los paneles laterales con bisagras que no funcionan.

Esta incongruencia sancionadora tiene su origen al aplicar por medio del RD 563/2017 disposiciones comunes a toda la Unión Europea sin modificar y adaptar la LSV a esta circunstancia.

106 | ¿Cómo se categorizan las deficiencias en la Ley de Seguridad Vial?

Como hemos comentado, las deficiencias que aparecen en el Anexo III del RD 563/2017 no tienen su representación en la Ley de Seguridad Vial (LSV), que tan solo realiza mención de la estiba en determinados artículos:

- **Artículo 75. Infracciones leves.** No hay mención alguna a la estiba ni deficiencias contenidas en el RD 563/2017.

- **Artículo 76. Infracciones graves.** Son infracciones graves, cuando no sean constitutivas de delito, las conductas tipificadas en esta ley referidas a:

  m) Conducción negligente.
  o) Circular con un vehículo que incumpla las condiciones técnicas reglamentariamente establecidas, salvo que sea calificada como muy grave, así como las infracciones relativas a las normas que regulan la inspección técnica de vehículos.
  r) Conducir vehículos con la carga mal acondicionada o con peligro de caída.

- **Artículo 77. Infracciones muy graves.** Son infracciones muy graves, cuando no sean constitutivas de delito, las conductas tipificadas en esta ley referidas a:

  b) Circular con un vehículo cuya carga ha caído a la vía, por su mal acondicionamiento, creando grave peligro para el resto de los usuarios.
  e) Conducción temeraria.
  ll) Circular con un vehículo que incumpla las condiciones técnicas que afecten gravemente a la seguridad vial.

Capítulo 8
Prevención de riesgos laborales en carga, estiba y amarre

107 | ¿En qué consiste la prevención de riesgos laborales en carga, estiba y amarre?

La entrada de transportistas subcontratados en las instalaciones de la empresa cargadora supone una serie de deberes y obligaciones para ambas partes.

Con la modificación del RD 171/2004, la empresa cargadora debe informar a la transportista sobre los riesgos laborales existentes en las operaciones de carga, tanto si la carga la realiza esta con medios propios o con los de la empresa cargadora, o si, además, la transportista realiza también la estiba y el trincaje.

Cabe recordar que las fichas de estiba son un excelente procedimiento para dar cumplimiento a esta obligación en materia de prevención de riesgos laborales (PRL) de una manera rápida y sencilla.

108 | ¿En qué consiste el deber de información de la empresa titular?

La empresa titular debe cumplir lo dispuesto en el capítulo IV del RD 171/2004, de Coordinación de Actividades Empresariales (CAE), en su artículo 10:

a) Deberá comprobar que el transportista cumple la normativa de prevención de riesgos laborales en sus instalaciones. Para ello, la empresa hará entrega del procedimiento y normas de seguridad, realizando un registro de los controles y supuestos de incidencias.

b) Solicitar a la transportista que acredite documentalmente sus obligaciones en materia de formación e información a los trabajadores que acuden a las instalaciones de la empresa titular. Se debe exigir la entrega de la ficha de estiba a los conductores, así como formación en materia de estiba, en el caso de que la realicen estos.

c) Requerir el plan de seguridad, evaluación de riesgos y planificación de su actividad preventiva.

Ejemplo de plantilla para el registro de incidencias de estiba acorde con el RD 563/2017:

Registro de incidencias de estiba / Incumplimiento RD 563 2017			
Fecha:			
Abierta por:			
Descripción de la incidencia			
	Leve	Grave	Peligrosa
Clasificación de la incidencia			
Acciones tomadas			

109 | ¿Qué obligaciones tiene el cargador en materia de prevención de riesgos laborales?

El Real Decreto 171/2004 establece la obligación a las empresas titulares del centro de trabajo de determinar si las operaciones de transporte, carga y estiba de mercancía realizadas en su centro son actividad propia de la empresa (en este caso se aplicarán las obligaciones de «empresario principal») o no lo son (aplicarán las obligaciones del «empresario titular» del centro de trabajo concurrente).

Además, en función de esta clasificación, sus obligaciones de información varían así:

Si el transporte no se considera actividad propia:

Obligación de información del empresario titular

El empresario titular debe cumplir las obligaciones de información de los artículos 7 y 8 del RD 171/2004:

- Debe informar de los riesgos propios del centro de trabajo que puedan afectar al resto de empresas concurrentes (en el caso de carga y descarga, estiba/desestiba al porteador y/o transportista). Las medidas referidas a la prevención de tales riesgos. Las medidas de emergencia que se deben aplicar.
- La información debe ser actualizada y suficiente, proporcionarse previamente al inicio de las actividades de carga y descarga, estiba/desestiba, y por escrito, cuando alguna de las empresas genere riesgos calificados como graves o muy graves.
- Debe suministrar a los empresarios concurrentes instrucciones sobre la adopción de medidas de prevención de riesgos y de emergencia cuando los trabajadores del empresario titular desarrollen actividades en el centro de trabajo concurrente. Se recomienda establecer un medio de control periódico del cumplimiento de dichas instrucciones por parte de todos los trabajadores concurrentes en el centro de trabajo.
- Hay que aportar documentación detallada sobre los riesgos concretos de los servicios contratados o subcontratados. Esta documentación deberá actualizarse cuando se produzcan cambios en los procedimientos de trabajo, uso de equipos o materiales u otras circunstancias y que sean relevantes para la coordinación.

Documentación a solicitar al transportista

- **Control de acceso.** Solicitar al transportista certificado donde declare que todos los conductores que acceden al centro de trabajo disponen de: la documentación del conductor (carnet), del vehículo (seguro y tarjeta ITV) y de la carga (tarjeta de transporte). Deberá, además, efectuarse un control periódico aleatorio de su cumplimiento.
- **Responsabilidad civil.** Se recomienda solicitar carnet de conducir, seguro, tarjeta de transporte y tarjeta ITV.

Entrega de información al transportista

Qué

Todos los transportistas deben recibir información acerca de los riesgos propios del centro de trabajo (y de la actividad que en él se desarrolla) que puedan afectar al desarrollo de su actividad, las normas a aplicar en zonas de paso, estancia de transportistas y normas de carga y descarga, así como normas en caso de emergencia.

Cuándo

La información debe entregarse antes del inicio de su actividad, y deberá actualizarse siempre que se produzca un cambio en el contenido.

Cómo

En aquellos casos en que se hayan detectado riesgos graves o muy graves, esta información se entregará obligatoriamente *por escrito.* En el resto de los casos, se puede poner a disposición del transportista por medios informáticos, pantallas informativas, *banners,* etc.

Es requisito imprescindible que el transportista lea, comprenda y acepte la información con los riesgos de las instalaciones, las normas de seguridad y las medidas de actuación en caso de emergencia de la que se le hace entrega o se le muestra. Debe quedar constancia del compromiso del transportista, firmando en la fecha en la que se le hace entrega de la documentación o se le muestra la misma.

Si el transporte se considera actividad propia:

Obligación de información

La empresa principal deberá informar a la empresa transportista de los riesgos en sus instalaciones, normas de carga y descarga, estiba y desestiba, y emergencia.

La empresa transportista deberá enviar la descripción de riesgos y las medidas preventivas a tomar, en relación con los servicios que va a prestar.

Deberá acreditar por escrito que han cumplido sus obligaciones en materia de información y formación respecto a los transportistas que vayan a acceder al centro de trabajo.

Obligación de vigilancia

Como empresario principal deberá cumplir las obligaciones de los empresarios concurrentes y el empresario titular, más el artículo 10 del RD 171/2004, consistente en:

- Vigilar el cumplimiento de la normativa de prevención de riesgos laborales por parte de las empresas contratistas o subcontratistas de obras y servicios correspondientes a su propia actividad y que se desarrollen en su propio centro de trabajo.
- Exigir a las empresas contratistas y subcontratistas que le acrediten por escrito que han realizado, para las obras y servicios contratados, la evaluación de riesgos y la planificación de su actividad preventiva.
- Requerir a tales empresas que le acrediten por escrito que han cumplido sus obligaciones en **materia de información y formación** respecto de los trabajadores que vayan a prestar sus servicios en el centro de trabajo.

  Asimismo, las acreditaciones previstas en los párrafos anteriores deberán ser exigidas por la empresa contratista, para su entrega al empresario principal, cuando subcontratara con otra empresa la realización de parte de la obra o servicio.
- Comprobar que las empresas contratistas y subcontratistas concurrentes en su centro de trabajo han establecido los necesarios medios de coordinación entre ellas.
- Vigilar el cumplimiento por parte del transportista de la normativa de prevención de riesgos laborales que se desarrollen en su centro de trabajo. A estos

efectos, se recomienda establecer un control efectivo y continuo del cumplimiento por parte de los transportistas de las normas de seguridad entregadas, **mediante ficha de estiba HDZ.**

• El contrato firmado con las contratas o subcontratas debe contener una cláusula sobre la obligatoriedad del contratista a cumplir con lo requerido en la normativa y normas internas.

El contrato debería especificar la facultad de la empresa principal para su rescisión en caso de incumplimientos graves o repetidos.

Documentación a intercambiar

La empresa deberá informar a la empresa transportista de los riesgos en sus instalaciones, normas de carga y descarga, estiba y desestiba, y emergencia.

La empresa transportista deberá enviar la descripción de riesgos y las medidas preventivas a tomar, en relación con los servicios que va a prestar. Y deberá acreditar por escrito que han cumplido sus obligaciones en materia de información y formación respecto a los transportistas que vayan a acceder al centro de trabajo.

110 | ¿Hay otras obligaciones de seguridad del cargador?

Si el transportista realiza las operaciones de carga y descarga:

Si el transportista realiza las operaciones de carga/descarga, independientemente de que la actividad se considere propia o no propia, se solicitará a la empresa transportista (de forma previa al comienzo de la actividad):

– la **evaluación de riesgos** de la actividad de carga y descarga, y
– la **acreditación de la formación** del personal establecida en dicha evaluación.

Durante el transcurso de los trabajos de carga/descarga, la empresa deberá observar el cumplimiento, por parte del transportista, de las normas internas de seguridad y de la normativa.

Quién

Se recomienda que este control de las medidas de prevención sea efectuado por el responsable del área o de la sección donde se efectúa la carga/descarga y/o por la persona que esté efectuando las operaciones de carga/descarga.

Cómo

Adicionalmente pueden establecerse inspecciones periódicas por el departamento de prevención de riesgos laborales o dentro de las observaciones de comportamientos de los responsables que hayan contratado el transporte.

Instrucciones: Si el transportista utiliza algún equipo de la fábrica para realizar la operación de carga y descarga, la empresa deberá enviar con antelación la documentación necesaria sobre su correcto uso a la empresa transportista, incluyendo las normas de seguridad en su manejo y deberá exigir el certificado de formación del transportista para el equipo que va a utilizar.

Si el transportista realiza las operaciones de estiba y cinchado:

El responsable de realizar la estiba y trincaje es el cargador, según el artículo 20 de la Ley 15/2009 (LCTT), a pesar de que exista jurisprudencia defendiendo que el trincaje sea responsabilidad del cargador o del transportista, indistintamente.

Existen muchos casos en los que el transportista debe subir al camión para:

– Colocar la lona de protección en bañeras y transporte de graneles.
– Colocar las remontas de los *tautliner* o vehículos XL de tipo *tautliner*.
– Recolocar cantoneras o cintas de amarre de forma correcta.

El cargador será **responsable de facilitar los medios** para ejecutarlo de forma segura (arco con línea de vida, plataformas móviles o fijas, etc.). En caso de que no se desee asumir esta responsabilidad, el cargador deberá prohibir la realización de dicha operación en sus instalaciones.

Las herramientas y los equipos de protección individual (EPI) que los transportistas necesiten para realizar las operaciones con seguridad (incluido el arnés para anclarse a líneas de vida) deben aportarlos su propia empresa. Si los materiales se aportan por la empresa principal, esta será responsable del estado de los mismos.

Si el transportista utiliza algún equipo de la fábrica para realizar la operación de estiba y trincaje, la empresa deberá enviar con antelación la **documentación necesaria sobre su correcto uso** a la empresa transportista, incluyendo las normas de seguridad en su manejo y deberá exigir el certificado de formación del transportista para el equipo que va a utilizar.

El transportista deberá **vigilar el cumplimiento de la normativa de prevención de riesgos laborales,** normas internas y fichas de estiba (en caso de que el cargador las haya aportado al transportista).

Se recomienda al empresario principal elaborar un **procedimiento interno de control efectivo y continuo** del cumplimiento por parte de los transportistas de las normas de seguridad entregadas, mediante ficha de estiba HDZ.

Además, deberá exigir a la empresa transportista que le acredite por escrito que han realizado la evaluación de riesgos y la planificación de su actividad preventiva, para los servicios contratados. La jurisprudencia mantiene el criterio de que *se le acredite documentalmente* y no solo que *acredite por escrito el cumplimiento* de sus obligaciones preventivas (Sentencia de 9 de julio de 2010 del Tribunal Superior de Justicia de Murcia).

Es muy útil la utilización de la ficha de estiba para llevar a cabo estos controles, ya que así los operarios de almacén podrán verificar de forma más sencilla que la estiba se realiza de forma correcta, pero sin entregar las fichas como instrucción concreta.

Quién

Se recomienda que este control de las medidas de prevención sea efectuado por el responsable del área o de la sección donde se realiza la carga/descarga y/o por la persona que esté efectuando las operaciones de carga/descarga, de forma periódica mientras se realiza la operación.

Cómo

Adicionalmente se recomienda realizar inspecciones periódicas por el departamento de prevención de riesgos laborales o dentro de las observaciones de comportamientos de los responsables que hayan contratado el transporte.

Más información sobre la legislación de prevención de riesgos laborales (PRL), en materia de coordinación de actividades empresariales (CAE) en estos enlaces QR.

Anexos

Anexo I.   Modelo carta de porte de la IRU (1976)
Anexo II.   Modelo carta de porte de la IRU (2007)
Anexo III.   Comparación entre los campos obligatorios del documento de control administrativo y la carta de porte CMR
Anexo IV.   Modelo de comunicado a proveedores
Anexo V.   Primer acuerdo de novación modificativa no extintiva del contrato de transporte continuado entre [nombre empresa cargadora] y [nombre empresa transportista]
Anexo VI.   Lista de chequeo. Cumplimiento RD 563/2017
Anexo VII.   Ejemplo de certificado EN 12642-XL

Anexo I. Modelo carta de porte de la IRU (1976)

1. Remitente (nombre, domicilio, país) Sender (name, address, country) **BIG LEMMON** c/ Zorolla 15, pabellón D 03023 Campello Alicante España NIF/ CIF A804338576	CARTA DE PORTE INTERNACIONAL INTERNATIONAL CONSIGNMENT NOTE **CMR**	Este transporte queda sometido, no obstante toda cláusula contraria al Convenio sobre el Contrato de Transporte Internacional de mercancías por carretera (CMR) This carriage is subject, not withstanding any clause to the contrary, to the Convention on the Contract for the International Carriage of the goods by road (CMR)

2. Consignatario (nombre, domicilio, país) Consignee (name, address, country) **X-WAY** Rue Le Soir 12 45232 Le Mans France NIF/ CIF A568903242	16 Porteador (nombre de la empresa, domicilio, país) Carrier (name, address, country) PAÑALON ALICANTE, Pol Atalayas, calle Gerona 15, 03015, Orito, Alicante Matrículas de los vehículos/Registration number: 4567BBH / R-8995-BBZ
3. Lugar de entrega de la mercancía (localidad, país) Place of delivery of the goods (place, country, date) **X-WAY, Logistic Center** Rue Le Soir 18 45232 Le Mans France	17. Porteadores sucesivos (nombre, domicilio, país) Succesives carriers (name, address, country) PAÑALÓN BARCELONA, Zona Franca, Dues 12, 08004, Barcelona, España 4580 BCZ
4. Lugar y fecha de carga de la mercancía (localidad, país, fecha) Place and date of taking over the goods (place, country, date) Rue Le Soir 12 45232 Le Mans France 18/05/2016	18. Reservas y observaciones del porteador Carriers reservations and observations "El remitente realiza la distribución del peso y da las instrucciones para la sujeción"
5. Documentos anexos Documents attached Packing List	

6. Marcas y nº Marks and Nº	7. Nº de bultos Number of packages	8. Clase de embalaje Kind of packing	9. Naturaleza de la mercancía Nature of the goods	10. Nº estadístico Statistical number	11 Peso brutokg Gross weight	12 Volumen mc. Volume cm
M1-M30	30	Europalets	Limones K-21	3409 02	21.000 kg	82 m3
M31-M33	3	Europalets	LemmonJuice briks 1lt	3409 23	1.600 kg	9 m3
					22-600 kg	91 m3

Clase Class	Numero Number	Letra Letter	(Acuerdo ADR) (Agreement ADR)

13. Instrucciones del expedidor/remitente. Sender´s instructions Keep the load below of 8°	19. Estipulaciones particulares Special agreements Revisar la temperatura de la carga cada 200km

20. A pagar por: To be paid for:	Remitente Sender	Moneda Currency	Consignatario Consignee
Precio del porte Carriage charges	1230	€	
Descuentos Deductions			
Neto/Balance			
Otros cargos Other charges			
Total	1230	€	

14. Forma de pago/ Method of payment

[X] Porte pagado/Carriage paid

[ ] Porte debido/Awaiting payment

21. Formalizado en Campello a 12/10/2016 Established in on	15. Reembolso a cobrar en destino/ Cash on delivery　　0€

22. FEDERICO BARAIBAR 23.343.234-G	23 LUCAS BARAHONA 19.340.233-M Firma y sello del transportista	24 Lugar　　　　a Place　　　　on Firma y sello del consignatario

Anexo II. Modelo carta de porte de la IRU (2007)

Exemplaire de l'expéditeur
Copy for sender

LETTRE DE VOITURE INTERNATIONALE (CMR) INTERNATIONAL CONSIGNMENT NOTE

Pays/Country   No ....

1 Expéditeur (nom, adresse, pays)
  Sender (name, address, country)

6 Transporteur (nom, adresse, pays, autres références)
  Carrier (name, address, country, other references)

2 Destinataire (nom, adresse, pays)
  Consignee (name, address, country)

7 Transporteurs successifs / Successive carriers

  Nom / Name

  Adresse / Address

  Pays / Country

  Reçu et acceptation
  Receipt and Acceptance   Date   Signature

3 Prise en charge de la marchandise / Taking over the goods
  Lieu / Place

  Pays / Country

  Date
  Heure d'arrivée / Time of arrival   Heure de départ / Time of departure

8 Réserves et observations du transporteur lors de la prise en charge de la marchandise
  Carrier's reservations and observations on taking over the goods

4 Livraison de la marchandise / Delivery of the goods
  Lieu / Place

  Pays / Country

  Heures d'ouverture du dépôt / Warehouse opening hours

5 Instructions de l'expéditeur
  Sender's instructions

9 Documents remis au transporteur par l'expéditeur
  Documents handed to the carrier by the sender

10 Marques et numéros Marks and Nos.	11 Nombre de colis Number of packages	12 Mode d'emballage Method of packing	13 Nature de la marchandise Nature of the goods	14 Poids brut, kg Gross weight in kg	15 Cubage m3 Volume in m3

Numéro ONU   Nom voir 13   Numéro d'étiquette   Groupe d'emballage   (ADR*)
UN Number   Name see 13   Label Number   Packing Group   (ADR*)

16 Conventions particulières entre l'expéditeur et le transporteur
   Special agreements between the sender and the carrier

17 A payer par To be paid by:	Expéditeur Sender	Destinataire Consignee
Prix de transport Carriage charges		
Frais accessoires / Supplementary charges		
Droits de douane / Customs duties		
Autres frais / Other charges		

18 Autres indications utiles
   Other useful particulars

19 Remboursement
   Cash on delivery

20   Ce transport est soumis, nonobstant toute clause contraire, à la Convention relative au contrat de transport international de marchandises par route (CMR)
            This carriage is subject, notwithstanding any clause to the contrary, to the Convention on the Contract for the international Carriage of Goods by Road (CMR)

21 Établie à / Established in   le / on   20

24 Marchandises reçues / Goods received

Heure d'arrivée / Time of arrival   Heure de départ / Time of departure

22   23

Lieu   le   20.
Place   on   20.

Signature ou timbre de l'expéditeur   Signature ou timbre du transporteur   Signature et timbre du destinataire
Signature or stamp of the sender   Signature or stamp of the carrier   Signature and stamp of the consignee

Partie non contractuelle réservée au transporteur / Non-contractual part reserved for the carrier

No ....

Modèle IRU 2007

Anexo III. Comparación entre los campos obligatorios del documento de control administrativo y la carta de porte CMR

El formato del **documento de control** es libre pero ha de tener un contenido mínimo que es el exigido por el artículo 6 de la Orden FOM/2861/2012, como son los siguientes datos:

- Nombre o denominación social, NIF y domicilio del cargador contractual.
- Nombre o denominación social y NIF del transportista efectivo.
- Lugar de origen y destino del envío objeto del transporte.
- Naturaleza y peso de la mercancía transportada. En los supuestos en que resulte complejo determinar el peso de la carga se buscará e indicará otro tipo de magnitud para determinar el peso.
- Fecha de realización del transporte del envío de que se trate.
- Matrícula del vehículo con el que se realiza el transporte y si se trata de un vehículo articulado, será preceptivo indicar tanto la matrícula del vehículo tractor como la del remolque o semirremolque. En caso de que se produzca un cambio de vehículo una vez iniciado el transporte, esta circunstancia también deberá quedar reflejada.
- A solicitud de los sujetos intervinientes, se podrán indicar otras circunstancias, observaciones o reservas que se consideren útiles.

El **documento CMR** asegura la presencia de todos los componentes del transporte detallados a continuación, de manera que la carga se ve reflejada en todo momento, así como la ruta y los diferentes cambios de transportista que puedan darse:

- Lugar de redacción y fecha correspondiente.
- Nombre y domicilio del remitente, transportista y destinatario.
- Lugar y fecha de carga y lugar previsto para entrega.
- Etiquetado de la mercancía (si se trata de mercancía peligrosa durante el transporte o no) y forma de embalaje.
- Número de paquetes que contiene el envío y sus respectivas identificaciones.
- Peso total de la carga transportada.
- Todos los gastos relativos al traslado.
- Instrucciones exigidas por Aduanas y organismos accesorios.
- Indicaciones de que el transporte se realizará bajo el régimen y condiciones a las que se acoge el documento CMR.

Anexo IV. Modelo de comunicado a proveedores

En _________, a __ de _______ de 2019

Estimado/a ....

Nos ponemos en contacto con usted para comunicarle nuestro deseo de colaboración y formalización escrita de las labores de estiba y trincaje que ha venido desarrollando hasta la fecha.

Dichas labores fueron pactadas con usted en fecha __________, debiendo ser formalizadas expresamente en un documento para su verificación en carretera. Como responsable del transporte de nuestras mercancías y de su estiba, en virtud del pacto verbal existente, debemos recordarle el cumplimiento de las premisas del Real Decreto 563/2017, de 2 de junio, por el que se regulan las inspecciones técnicas en carretera de vehículos comerciales que circulan en territorio español.

Esta normativa obliga, desde el 20 de mayo de 2018, a realizar la sujeción de la carga de una forma específica, conforme a la norma EN 12195-1. De este modo, el transportista:

- Garantizará que antes de cada viaje la carga permanezca perfectamente estibada, sujeta, amarrada e impedida, cumpliendo además el artículo 14 del Reglamento General de Circulación.
- Seguirá las instrucciones y normas previstas en el Anexo III del RD 563/2017 y proporcionará todos los elementos de sujeción y amarre necesarios para sujetar la carga conforme a:
  - EN 12195-1 Cálculo de las fuerzas de amarre.
  - EN 12640 Puntos de amarre.
  - EN 12642 Resistencia de la estructura de la carrocería de los vehículos.
  - EN 12195-2 Cinchas de amarre de fibras sintéticas.
  - EN 12195-3 Cadenas de amarre.
  - EN 12195-4 Cables de acero de amarre.
  - EN 12641 Lonas.

- Los útiles de amarre o bloqueo deberán ser los adecuados, estar en perfecto estado de conservación, con etiqueta legible y, en su caso, contar con todas las preceptivas homologaciones y certificados de calidad.
- Asegurará que los vehículos utilizados estén debidamente homologados, revisados e inspeccionados y cualesquiera defectos serán debidamente subsanados antes de su utilización.

Asimismo, [NOMBRE DEL CARGADOR], como cargador contractual, deberá cumplir lo dispuesto en relación con:

- Artículo 20.1 de la Ley 15/2009.
- Norma EUMOS 40509 Embalaje.
- Artículo 17 de la Ley 15/2009. Instrucciones para la idoneidad del vehículo.
- EN 12195-2, en caso de que los útiles sean proporcionados por el cargador.
- Deber de vigilancia, según art. 1903 del Código Civil.

Desde [NOMBRE DEL CARGADOR], le recordamos la importancia de adaptarse a la nueva normativa y la obligación de que los conductores involucrados estén debidamente informados y formados para dar cumplimiento a la normativa aplicable.

Con el fin de que ambos podamos acordar situaciones beneficiosas para ambas partes, en breve nos pondremos en contacto con usted para definir los documentos legales necesarios, y facilitarle la información a fin de coordinar las actividades empresariales que ayudarán a la planificación, calidad y claridad de la norma.

Le adjuntamos, asimismo, una guía rápida de estiba y el Anexo III del RD 563/2017, relativos a los principales contenidos de la normativa mencionada.

Atentamente

____

[FIRMA]
[CARGO]

Anexo V. Primer acuerdo de novación modificativa no extintiva del contrato de transporte continuado entre [nombre empresa cargadora] y [nombre empresa transportista]

En _______ [provincia], a _ de _____ de 2019.

REUNIDOS

De una parte,

DON [__________], mayor de edad, de nacionalidad española, con DNI [__________], interviene en nombre y representación de la sociedad mercantil denominada "[__________]", domiciliada en [__________], código postal [__________], y con CIF número A-[__________], en su calidad de [__________] (en adelante, el **cargador contractual** o [nombre de la empresa o siglas]).

Y de otra parte,

DON [__________], mayor de edad, de nacionalidad [__________], con número de NIF [__________], interviene en nombre y representación de la sociedad "[__________]", con CIF número [__________], en su calidad de Administrador Único de la reseñada sociedad, cargo para el que fue nombrado y asegura vigente (en adelante, el **transportista).**

En adelante, cargador contractual y transportista serán referidos conjuntamente como las **partes** y cualquiera de ellas, separadamente, como una **parte.**

Ambos se reconocen mutuamente la capacidad legal necesaria para el otorgamiento del presente contrato y a tal efecto

EXPONEN:

I. Que con fecha [__________], el CARGADOR CONTRACTUAL y el TRANSPORTISTA suscribieron un *Contrato de Transporte Terrestre de Mercancías* que tiene por objeto la prestación de los servicios de transporte continuado terrestre de mercaderías que se describen en el mismo (en adelante, el mencionado contrato junto con sus anexos **Contrato principal).**

II. Que las PARTES han acordado la adaptación del Contrato principal a los cambios normativos vigentes desde el pasado 20 de mayo de 2018, en relación con la nueva normativa de estiba y amarre de cargas en el transporte por carretera.

Por todo lo expuesto, las PARTES, en la representación que ostentan, acuerdan suscribir el presente Acuerdo de Novación del Contrato, que se regirá por las siguientes

CLÁUSULAS

PRIMERA: ADAPTACIÓN A LA NORMATIVA EN ESTIBA DE CARGAS EN EL TRANSPORTE POR CARRETERA (RD 563/2017 y RD 920/2017).

En relación con la entrada en vigor, el 20 de mayo de 2018, del RD 563/2017 de 2 de junio, por el que se regulan las inspecciones técnicas en carretera de vehículos comerciales que circulan en territorio español y del RD 920/2017 de 23 de octubre, por el que se regula la inspección técnica de vehículos, las Partes pactan que desde la fecha de firma del presente Acuerdo de Novación al Contrato Principal de Transporte:

A. Fichas de estiba, trincaje y órdenes de carga

Conforme a lo dispuesto en el artículo 20 de la Ley 15/2009 del contrato de transporte terrestre de mercancías, ambas partes pactan mediante este acuerdo de novación al Contrato Principal, que los **trabajos de distribución de peso (estiba) y trincaje, sean realizados por el TRANSPORTISTA.**

Para dar cumplimiento a la obligación prevista en el artículo 11.1 del RD 563/2017, el TRANSPORTISTA, como responsable contractual de la correcta estiba y amarre de las cargas, realizará estas labores conforme a las recomendaciones incluidas en las fichas de estiba adjuntas a la presente, facilitadas por el CARGADOR CONTRACTUAL/EXPEDIDOR, en consonancia a lo dispuesto en las normativas aplicables y por la Guía Europea de mejores prácticas sobre sujeción de cargas para el transporte de carreteras (versión 8 de mayo de 2014 o nuevas versiones que, en su caso, la puedan sustituir, modificar o complementar), así como conforme a toda la normativa aplicable a la estiba, amarre y sujeción de la carga.

Las fichas de estiba HDZ no pueden ser modificadas, alteradas ni manipuladas y deberán ser cumplidas como instrucción de estiba por el TRANSPORTISTA.

Las fichas de estiba HDZ son firmadas y aceptadas en el presente acto, manifestando su entrega y conocimiento, asumiendo el compromiso de facilitar, informar y formar a sus conductores en base a las mismas. Si fuera necesario, el cargador contractual solicitará al conductor la firma de la misma, en el momento de finalizar la estiba y trincaje para verificar que se ha realizado conforme las directrices de la ficha de estiba entregada para dicha mercancía, conjunto de mercancías o ficha genérica de grupaje.

En todo caso, las fichas de estiba HDZ actúan como contenido mínimo, por lo que el transportista podrá utilizar otros elementos adicionales (por ejemplo; cintas con mayor LC o STF, mayor número de cintas, etc.).

B. Responsabilidades de estiba y trincaje

B.1 Responsabilidades del transportista

1 El TRANSPORTISTA cumplirá todos los principios y normativa pública y técnica aplicables a la estiba, sujeción y amarre de cargas transportadas previstas en el Anexo III del RD 563/2017 y proporcionará el CONTRATISTA, a su entero coste, todos los elementos de sujeción y amarre necesarios para sujetar la carga conforme a las siguientes normas aplicables y a aquellas que en el futuro las sustituyan, modifiquen o complementen:

– EN 12195-1   Cálculo de las fuerzas de amarre.
– EN 12640   Puntos de amarre.
– EN 12642   Resistencia de la estructura de la carrocería de los vehículos.
– EN 12195-2   Cinchas de amarre de fibras sintéticas.
– EN 12195-3   Cadenas de amarre.
– EN 12195-4   Cables de acero de amarre.
– EN 12641   Lonas.
– EUMOS 40511   Postes.

Todos los elementos de sujeción y amarre de la carga que proporcione el TRANSPORTISTA, tales como cintas, cantoneras, tacos de madera, alfombrillas antideslizantes, tensores etc. deberán ser los adecuados, estar en perfecto estado de conservación, con etiqueta legible y, cuando resulte de aplicación, contar con todas las preceptivas homologaciones y certificados de calidad.

2 El TRANSPORTISTA responderá de los daños producidos por mala estiba (distribución de peso, estiba y trincaje), realizados por este, sus empleados, transportistas o conductores, así como de la incorrecta observancia de las

Anexo V. *(cont.)*

instrucciones aportadas por el cargador contractual.

3 El TRANSPORTISTA podrá subcontratar las labores de estiba, distribución de pesos y trincaje a TRANSPORTISTAS o conductores, respondiendo de cuantos actos u omisiones realicen en relación a las labores contratadas, y quedando obligado a hacerles entrega de las fichas de estiba facilitadas por el CARGADOR CONTRACTUAL.

4 El TRANSPOTISTA hará sus mejores esfuerzos para garantizar que en caso de inspección en carretera no se aprecien deficiencias que, por su número y/o gravedad puedan resultar en la atribución a su empresa de un perfil de riesgo medio o alto conforme a lo previsto en el artículo 6 y el Anexo I del RD 563/2017, y que comenzará a aplicarse a partir del 1 de enero de 2019.

5 Para dar cumplimiento a la normativa aplicable y a lo dispuesto en el artículo 11.1 del RD 563/2017, el TRANSPORTISTA, como responsable de la correcta estiba, sujeción y amarre de la carga transportada garantizará que, antes de cada viaje, la carga permanezca perfectamente estibada, sujeta, amarrada e impedida de cualquier movimiento derivado de los propios del vehículo en el que va transportada, y garantizará asimismo el cumplimiento de lo dispuesto en el artículo 14 del Reglamento General de Circulación, aprobado por el RD 1428/2003 de 21 de noviembre.

6 Con objeto de garantizar el TRANSPORTISTA que conforme a lo previsto en el artículo 11.1 del RD 563/2017, la carga estará siempre sujeta de forma que no interfiera con la conducción segura ni suponga un riesgo para la salud, la propiedad o el medio ambiente.

7 Asimismo, el TRANSPORTISTA, será responsable de la elección del vehículo apropiado *(según instrucciones del cargador contractual en base a las características de la carga y la normas EN 12195-1, EN 12640, EN 12641, EN 12642 y las preceptivas normas EUMOS)*, aportación y revisión del estado de los útiles de estiba y medios auxiliares (antideslizantes, cantoneras, sistemas de protección, etc.), diseño del camión, estado de las estructuras y medio de transporte seleccionados.

8 El TRANSPORTISTA garantiza que todos los CONTRATISTAS, conductores y titulares de las autorizaciones administrativas de los vehículos integrantes de la cooperativa que sean adscritos por el TRANSPORTISTA a la prestación de los servicios objeto del presente Contrato, conocerán al detalle y cumplirán escrupulosamente todas las anteriores obligaciones y las fichas de estiba HDZ.

9 El TRANSPORTISTA mantendrá completamente indemne al CARGADOR CONTRACTUAL y a su personal de cualesquiera responsabilidades, reclamaciones o sanciones que pudieran derivar de un incumplimiento de cualquiera de las anteriores obligaciones.

10 Asimismo, el CARGADOR CONTRACTUAL podrá exonerarse de responsabilidad por daños a la mercancía transportada que se produzcan durante el transporte como consecuencia de la defectuosa estiba cuando ésta se deba exclusivamente a que el Cargador Contractual siguiera las instrucciones de colocación de la mercancía durante las operaciones de carga, realizando la correspondiente advertencia expresa y por escrito al TRANSPORTISTA antes del comienzo del transporte, y viceversa cuando la instrucción haya sido dada por el CARGADOR CONTRACTUAL.

B.2 Responsabilidades del CARGADOR CONTRATUAL

1 El CARGADOR CONTRACTUAL será responsable de actuar de forma diligente a fin de que las operaciones se realicen con seguridad, debiendo aportar unas fichas de estiba firmadas por un Comisario de Averías o experto cualificado de la EUMOS.

2 Las mencionadas fichas de estiba, documento de ayuda al transportista/contratista para la realización de una correcta acción de estiba, distribución de pesos y trincaje, se adjuntan **Anexo I al presente acuerdo,** que forma parte del contrato.

3 El CARGADOR CONTRACTUAL coordinará *(con el cargador efectivo si la carga y estiba se realiza fuera de sus instalaciones),* la verificación de seguridad de los camiones en función de lo indicado en las mencionadas fichas. Mantendrá un procedimiento de seguridad en carga y estiba de las mercancías, procedimentado junto con su Plan de prevención de riesgos laborales a fin del cumplimiento del deber *in vigilando* que conserva a tenor del art. 1.903 del Código Civil.

4 El CARGADOR CONTRACTUAL será responsable legal de las labores de carga *(salvo en la regla Incoterms EXW, en cuyo caso, el cliente –CARGADOR CONTRACTUAL– deberá pactar esta labor con su transportista)* de la mercancía sobre el vehículo *(en caso de ausencia de pacto con el Transportista).*

C. Responsabilidades en cargas completas y fraccionadas (salvo regla Incoterms EXW*)

Carga completa

Los trabajos de estiba, distribución de pesos y trincaje («estiba») serán realizados por el TRANSPORTISTA, siguiendo las instrucciones de la ficha de estiba entregada para cada mercancía o conjuntos de mercancías.

El TRANSPORTISTA podrá, a su vez y bajo su responsabilidad, subcontratar dichos trabajos con transportistas, sus conductores y titulares de las autorizaciones administrativas de los vehículos integrantes de la cooperativa que sean adscritos por el TRANSPORTISTA a la prestación de los servicios del presente acuerdo y Contrato principal.

Las labores de carga serán realizadas por el CARGADOR CONTRACTUAL.

Grupaje

En las cargas fraccionadas o grupajes, el TRANSPORTISTA será el responsable de realizar las labores de estiba, distribución de pesos y trincaje («estiba»).

A partir de la primera descarga, el conductor/transportista deberá realizar la distribución de peso, en su caso, la estiba y trincaje de las mercancías, siendo responsable de cuantos daños se produzcan en la mercancía, mercancías colindantes, elementos de transporte y/o personas derivados de sus acciones u omisiones.

El cargador contractual queda exonerado de cualquier responsabilidad de remociones de carga posteriores a la carga de la mercancía en las instalaciones del CARGADOR CONTRACTUAL.

D. Nuevas responsabilidades del RD 563/2017

El RD 563/2017 incorpora una serie de normas técnicas (unas de obligado cumplimiento,

---

* En la regla Incoterms EXW, las labores de carga pertenecen al cargador contractual, es decir, al cliente. De esta manera, al ser imposible participar en las mismas, deberá pactarlas con su transportista.

Anexo V. *(cont.)*

y otras a modo de directriz o recomendación) y cada una de ellas tiene sus responsabilidades.

1 *Cálculo de las fuerzas de fijación*
El TRANSPORTISTA deberá cumplir las fichas de estiba aportadas por el CARGADOR CONTRACTUAL, verificando éste el cumplimiento de las mismas y realizando los procedimientos internos para verificar su deber de diligencia y vigilancia que estime oportunos, aportándolas como una herramienta de ayuda y seguridad de contenidos mínimos.

2 *Cintas de amarre. Verificación de estado*
Todos los elementos de sujeción y amarre de la carga que proporcione el TRANSPORTISTA, tales como cintas, cantoneras, tacos de madera, alfombrillas antideslizantes, tensores etc. deberán ser los adecuados, estar en perfecto estado de conservación, con etiqueta legible y, cuando resulte de aplicación, contar con todas las preceptivas homologaciones y certificados de calidad.

Asimismo, el TRANSPORTISTA deberá verificar la tensión de los útiles de sujeción durante el transporte según establece la norma EN 12195-1.

3 *Requisitos de los vehículos*
El TRANSPORTISTA mantendrá el vehículo en correcto estado, así como también los puntos de amarre, carrocería, lonas, postes, etc. *(obligación de mantenimiento del vehículo)* y de informar al cargador sobre la resistencia de los mismos *(obligación de información relativa a la seguridad)* y tenerlo en cuenta para realizar la estiba y trincaje.

Asimismo, el TRANSPORTISTA dará cumplimiento a todas sus obligaciones bajo el RD 920/2017 y asegurará que todos los vehículos utilizados para la prestación de los servicios objeto del presente Contrato estén debidamente homologados, revisados e inspeccionados y cualesquiera defectos que puedan ponerse de manifiesto a resultas de las revisiones e inspecciones serán debidamente subsanados antes de la utilización de los vehículos para la prestación de servicios objeto del presente Contrato.

SEGUNDA. INALTERABILIDAD

El presente Acuerdo de Novación tiene naturaleza de novación modificativa, no extintiva, del Contrato. En lo no previsto expresamente en el presente Acuerdo de Novación, permanecen plenamente vigentes e inalterados las cláusulas del Contrato principal.

Y así, en prueba de conformidad, ambas partes, firman el presente acuerdo en [_________ (provincia)], en la fecha indicada en el encabezamiento.

D. [ ]
CARGADOR
CONTRACTUAL
p.p.: "[ ]"

D. [ ]
TRANSPORTISTA
p.p.: "[ ]"

Adjuntos
DOCUMENTO 1, …: FICHAS DE ESTIBA
(Aquí adjuntar copia de las fichas de estiba que vaya a utilizar el proveedor)

Anexo VI. Lista de chequeo. Cumplimiento RD 563/2017

Logotipo empresa	Fecha:	
	Expedición / entrega	
	Carga completa (sí / no)	

	A. Inspección visual externa de la unidad de carga		Motivos
OK	**A.1 Vehículo apropiado y sin sobrepeso**. Comprobar que el vehículo es el apropiado (capacidad, altura, solidez, etc.) para la mercancía que transporta y no va a haber sobrepeso	NO	
OK	**A.2 Pared frontal** (si se utiliza para la sujeción de la carga). Ídem punto A1. Comprobar que no existen deformaciones, roturas u otros daños que puedan poner en peligro la estabilidad del vehículo o la de la carga	NO	
OK	**A.3 Paredes laterales** (si se utiliza para la sujeción de la carga) Ídem punto A3. (deformaciones o daños en bisagras y cerraduras).	NO	
OK	**A.5 Puntales** (Si se utilizan para la sujeción de la carga). Ídem punto A.2 (deformaciones o daños), y además, comprobar que aparentemente están bien amarrados al vehículo	NO	
OK	**A.6 Puntos de amarre** (si se utilizan para la sujeción de la carga). Comprobar que existen puntos de amarre y en número suficiente y que están en aparente buen estado	NO	
OK	**A.7. Suelo** (si se utiliza para la sujeción de la carga). Ídem punto A.2 (deformaciones o daños), y además, comprobar ausencia de suciedad o sustancias que puedan afectar gravemente a la estabilidad (deslizamiento de la carga)	NO	
	B. Asegurar una estiba segura		
OK	**B.1 Dispositivos de amarre.** Comprobar que el vehículo dispone de los elementos de amarre y bloqueo, que son aparentemente adecuados en número y tipo para la sujeción de la mercancía y que se encuentran en aparente buen estado	NO	
OK	**B.2 Distribución de la carga.** Comprobar que la distribución elegida de la carga es la adecuada para asegurar el equilibrio del peso por eje y que garantiza la estabilidad del vehículo y la mercancía durante el transporte (pesadas y de mayor superficie abajo, evitar espacios entre mercancías y laterales y entre estas y los laterales, etc.)	NO	
OK	**B.3 Amarre y estabilización de la carga** (en caso de ser necesario) Comprobar que el chófer amarra y bloquea la mercancía de forma aparentemente adecuada y procede al cierre del compartimiento de carga	NO	
	Valoración final		
OK	**C.1 Incidencias graves peligrosas.** Ha habido alguna incidencia que haga necesaria la paralización de la carga por falta de seguridad en la estiba (detallar en observaciones y en el documento de porte)	NO	
OK	**C2 Incidencias graves no peligrosas.** Ha habido alguna incidencia, a nuestro juicio o del chofer, que sea grave para la mercancía, pero no peligrosa para la seguridad del transporte (detallar en observaciones y en documento de porte).	NO	

Observaciones y detalles valoración	Conforme	No conforme
	Firma comprobador	

Anexo VII. Ejemplo de certificado EN 12642-XL

Certificado de aseguramiento de la carga por parte de la estructura del vehículo
Perfil de condiciones y requisitos previos de carga
LS 0710886Z2

1. Indicaciones sobre el vehículo

Fabricante del vehículo:

LeciTrailer

Camino de los Huertos

E 50620 Casetas/ Zaragoza

Tipo de vehículo: LONAS

Número de identificación del vehículo:

Carga útil máx. técnica: 27.000 kg

Dimensiones interiores largo/ ancho / alto: 13.620 / 2.480 / máx.3.000 mm

Estructura del vehículo: *Curtainsider* (con lonas)

La estructura del vehículo se encuentra de conformidad con los siguientes requisitos:

- Normativa DIN EN 12642 Código *XL*;
- Directriz Daimler 9.5 (con listones de bloqueo laterales y lonas de conformidad con DIN EN 12 641-2);
- Puntos para raíles de conformidad con la normativa DIN EN 12640

(tachar lo que no proceda)

2. Indicaciones sobre el equipamiento del vehículo

Dada su estructura, el vehículo podrá asegurar los productos de carga descritos en el punto 4 bajo la observación de las condiciones de carga especificadas en el punto 3, siempre y cuando el vehículo cuente con los siguientes elementos de equipamiento:

Fuerzas de ensayo máx. comprobadas (DIN EN 12642)

Pared frontal — 13.500 daN
- Teleros angulares de acero
- Paneles de acero, 300 mm alto, contrachapado interior de 9 mm
- Diseño con techo elevable (opcional)

Paredes laterales — 10.800 daN
- Mín.3 pares de teleros, fabricante opcional Hestal, Adalco ó Load Lok
- 4 hileras de barras de tracción de madera ó aluminio
- Refuerzos de paredes interiores de 400 mm alto, o 3 filas de paneles móviles opcionales
- Lona lateral: tejido de panamá, 900 g/ m², mín. 3 abrazaderas horizontales, mín 20 abrazaderas verticales, hebillas de sujeción Overcenter.
- Toldo abatible lateral de conformidad con DIN EN 12641-2 (opcional)
- Listones de bloqueo fijados a ambos lados (opcional)

Pared trasera, portón posterior — 8.100 daN
- Marco posterior de aluminio opcional con techo elevable
- Puertas posteriores de aluminio, mín. 4 bisagras y 2 barras giratorias de cierre interiores.

Este certificado está compuesto por 2 páginas y únicamente será válido si está completo.

Página 1 de 2

Techo
Techo de cortina Versus Omega, fijaciones para el techo
mediante 2 cables de acero en el cuarto delantero

El estado de la estructura del vehículo deberá comprobarse de forma periódica de conformidad con VDI 2700.

3. Indicaciones para la carga

Dada su estructura, el vehículo podrá asegurar los productos de carga especificados en el punto 4 siempre y cuando se garanticen los aspectos descritos en el punto 2 y las siguientes condiciones de carga:

- Coeficiente de fricción y de deslizamiento de al menos $\mu_0 = 0,30$
- Carga en unión continua en el sentido de la marcha
- Ancho de la carga de al menos 240 cm
- Distancia máx. admisible con respecto a la carga / pared posterior 15 cm
- En transporte combinado, a favor y en contra del sentido de la marcha

4. Indicaciones sobre el producto de carga

La estructura del vehículo deberá asegurar bajo el cumplimiento de las condiciones reflejadas en los puntos 2 y 3, los siguientes productos de carga de conformidad con las normativas impuestas por las reglas reconocidas de la técnica, como por ejemplo los niveles de aceleración lineal de conformidad con DIN EN 12195-1, las directivas VDI 2700 (y siguientes) y los certificados e informes basados en dichas normativas.

- Bulto estable y resistente frente a vuelcos
- Portador de carga de conformidad con la normativa de aseguramiento de la carga Daimler 9.5*

*Requisitos previos: listones de bloqueo fijados a ambos lados, lonas laterales de conformidad con DIN EN 12641-2

Cuando se hayan cumplido todos los requisitos descritos en los puntos 2, 3 y 4, el aseguramiento de la carga quedará garantizado mediante la estabilidad de la estructura del vehículo. No será necesario adoptar medidas de aseguramiento adicionales como por ejemplo ralles bajos o directos.

En el caso de cargas diferentes, deberán observarse las medidas adicionales de seguridad de conformidad con VDI 2700.

TÜV NORD Mobilitat GmbH & Co. KG   Leci Trailer

Hannover, 09.07.2010   Casetas,

Uwe Manter   Firma del responsable

Este certificado está compuesto por 2 páginas y únicamente será válido si está completo.

Lean Company. Más allá de la manufactura
Luis Socconini

Lean Energy 4.0. Guía de Implementación
Luis Socconini, Juan Pablo Martín

Lean Manufacturing. Paso a paso
Luis Socconini

Lean Six Sigma. Sistema de gestión para liderar empresas
Luis Socconini, Carlo Reato

Cómo hacer de la cadena de suministro un centro de valor
Angel Caja Corral

Cadena de suministro 4.0
Alberto Tundidor, Eva Hernández, Cristina Peña, Javier Martínez, Javier Campos, Carlos Hernández

El crédito documentario y el mensaje SWIFT
Luis Sánchez Cañizares

La investigación en seguridad. Del Titanic a la ingeniería de la resiliencia
Jaime Rodrigo de Larrucea

Manual del comercio electrónico
Eva María Hernández Ramos, Luis Carlos Hernández Barrueco

Sales and operations planning. S&OP in 14 steps
Cristina Peña Andrés

Economías transformadoras de Barcelona
Ruben Suriñach Padilla

Planificación de ventas y operaciones. S&OP en 14 claves
Cristina Peña Andrés

Cómo participar en ferias comerciales
Cristina Peña Andrés

Manual de prevención de riesgos laborales
Blas Gómez

La economia social y solidaria en Barcelona
Ivan Miró, Anna Fernàndez

Negociación para el comercio internacional
Cristina Peña Andrés

Manual del manipulador de alimentos
Blas Gómez

Manual de seguridad en el trabajo
Marge Books

Cómo innovar en las pymes. Manual de mejora a través de la innovación
Alberto Tundidor Díaz

Manual de estrategia de operaciones
Ángel Caja Corral

La Industria 4.0 en la sociedad digital
Antoni Garrell Guiu, Llorenç Guilera Agüera

Cerebro, inteligencias y mapas mentales
Zoraida G. de Montes, Laura Montes G.

Manual de gestión aduanera. Normativas del comercio internacional y modelos de integración económica
Pedro Coll

Guía documental para exportar e importar. Los 12 documentos clave
Alberto García Trius

Mass customization. Las claves de la personalización masiva
Blas Gómez Gómez

Crédito documentario. Guía para el éxito en su gestión
Cristina Peña Andrés, Amelia de Andrés Leal

Guía práctica de las reglas Incoterms® 2010
David Soler

Certificación Lean Six Sigma Green Belt para la excelencia en los negocios
Lean Six Sigma Institute, SC

Certificación Lean Six Sigma Yellow Belt para la excelencia en los negocios
Lean Six Sigma Institute, SC

Negociación intercultural. Estrategias y técnicas de negociación internacional
Domingo Cabeza, Pelayo Corella, Carlos Jiménez

Las reglas Incoterms® 2010. Manual para usarlas con eficacia
Alfonso Cabrera Cánovas

Regímenes aduaneros económicos y procesos logísticos en el comercio internacional
Pedro Coll

Inglés náutico normalizado para las comunicaciones marítimas
José Manuel Díaz Pérez

Shipping & Commercial Case Law
Albert Badia

Gestión financiera del comercio internacional
Josep M.ª Casadejús

Los abordajes en la mar
Carlos F. Salinas

València, 558 – 08026 Barcelona – Tel. +34-931 429 486 – marge@margebooks.com – www.margebooks.com